SUPER *sain*

Véronique Liégeois

CUISINE MINCEUR

EN TOUTES OCCASIONS

SOLAR ÉDITIONS

Photographies et stylisme :

Valéry Guedes

SOMMAIRE

Introduction 3

Foire aux questions 4

Mon placard idéal 6

Pour démarrer la journée 8

Plats végétariens complets 30

Viandes et poissons légers 52

En-cas et plats pour la pause déj 74

Plats light pour recevoir 96

Douceurs minceur 118

Équivalences & mesures 140

Index 141

Introduction

Manger sain et léger, tout en se régalant… c'est possible !

Vous trouverez dans ce livre 60 recettes gourmandes, faciles à réussir au quotidien.

Un choix judicieux d'aliments santé, sources de micronutriments indispensables dont l'apport calorique est modéré, avec des modes de cuisson adaptés et des portions bien calibrées : une solution pour rester mince ou perdre un peu de poids !

Loin des interdits et des frustrations, ces recettes vous permettent d'acquérir de bons réflexes minceur, en toute simplicité, et à long terme.

– Petits déjeuners et brunchs équilibrés et légers
– Repas au bureau ou entre amis
– Cuisine au quotidien, que vous consommiez de la viande ou que vous soyez plutôt veggie
– Sans oublier les desserts, légers et délicieux, à déguster sans arrière-pensée !

Oubliez les restrictions inutiles et découvrez une nouvelle façon de manger, légère, saine et savoureuse !

L'auteure

Véronique Liégeois est diététicienne-nutritionniste et auteure culinaire. Toujours à la recherche d'astuces pour bien cuisiner, elle prône une alimentation variée et accessible.

FOIRE AUX QUESTIONS

➜ Comment cuisiner léger et gourmand ?

Manger léger ne signifie pas se cantonner aux grillades et aux légumes vapeur ! Les plats mijotés, à condition de bien choisir les ingrédients qui les composent, ont leur place dans vos menus minceur. Limitez la matière grasse pour faire rissoler la viande et les oignons en début de cuisson et jetez le surplus de gras. Utilisez comme bon vous semble les épices (curry, curcuma, paprika, poivre, cannelle, cumin...), les herbes aromatiques (ciboulette, persil, coriandre, basilic...), l'oignon, l'ail, l'échalote, le coulis de tomates... Ils n'apportent pas de calories, mais sont concentrés en saveur et excellents pour la santé.

➜ Pour perdre un peu de poids, dois-je me faire des menus à part ?

Surtout pas ! Prévoyez si possible le même menu pour toute la famille : c'est plus simple, plus convivial et plus économique. Jouez sur les quantités : restez raisonnable et écoutez votre faim pour répondre à vos besoins. Adoptez les portions individuelles, servies selon l'appétit des enfants, des adolescents et des plus actifs. Ils mangeront par ailleurs davantage de pain et de féculents pour couvrir leurs besoins énergétiques.

➜ Faut-il éliminer les matières grasses ?

Non. Les lipides présents dans les matières grasses d'assaisonnement sont indispensables à la santé. Mais ce sont des aliments particulièrement caloriques, il est donc important de les consommer de façon raisonnable :

- 10 grammes d'huile (1 cuillerée à soupe) égalent 90 calories ;
- 1 noisette de beurre (5 grammes) égale 35 calories ;
- 20 grammes de crème fraîche épaisse (1 cuillerée à soupe) égalent 40 calories.

Les huiles végétales sont source d'acides gras insaturés, nécessaires au bon fonctionnement du cœur et du cerveau : il faut en consommer 2 cuillerées à soupe chaque jour (olive et colza de préférence).

➜ Peut-on manger certains aliments à volonté ?

Non. Manger sain et léger signifie aussi manger des quantités raisonnables. Il est en effet important que l'estomac reprenne (ou conserve) une taille normale et ne se dilate pas sous l'effet des aliments ou des boissons. Consommer de grandes quantités de légumes – même à l'apport calorique modéré – provoque une distension de l'estomac. Résultat : il est ensuite difficile de ressentir la satiété et de gérer de façon naturelle les apports caloriques.

→ Boire de l'eau quand on a faim, est-ce une solution pour maîtriser ses apports caloriques ?

Non. Si vous avez réellement faim… il faut manger ! Boire ne sert à rien, car le cerveau ne se laisse pas berner aussi facilement. Lorsque vous avez faim, prenez un petit temps pour évaluer vos sensations corporelles : avez-vous réellement faim ? Ou envie de manger ? Dans le premier cas, avancez l'heure du repas ou faites une collation (fruit, yaourt, pain…). Dans le second cas, déterminez précisément ce qui vous fait envie… et mangez-en une petite quantité, en dégustant chaque bouchée.

→ Faut-il éliminer le sucre ?

Le sucre est concentré en calories, mais ne contient pratiquement pas de micronutriments utiles à la santé. Il a donc peu de place dans une alimentation saine et légère. Cela ne signifie pas qu'il faille l'éliminer totalement, mais plutôt en réduire la consommation. Limitez-vous à 2 ou 3 sucres (ou cuillerées à café), soit 15 grammes par jour. Vous pouvez remplacer le sucre par :

- de la cassonade ou du sucre complet (rapadura), leur apport calorique est similaire à celui du sucre, mais on peut en mettre moins, car ils sont très parfumés ;
- du miel, qui est moins calorique que le sucre (300 calories pour 100 grammes contre 400 calories pour le sucre) ;
- du sirop d'agave ou des édulcorants intenses (stévia, sucralose), dont l'apport calorique est négligeable. L'important est surtout de s'habituer à une saveur peu sucrée, que l'on utilise du sucre ou un édulcorant.

→ Que faut-il penser des produits light ?

Ils ne vous seront d'aucune aide si vous ne modifiez pas globalement votre alimentation et votre façon de cuisiner. Leur apport calorique est réellement inférieur à celui des produits conventionnels, ce qui peut être utile pour limiter les graisses et les sucres au quotidien : crème fraîche allégée, beurre allégé, édulcorants… Mais il est tout à fait possible de cuisiner sain et léger en utilisant uniquement des produits naturels classiques.

MON PLACARD IDÉAL

Au réfrigérateur

➜ Produits laitiers et crèmerie

Des yaourts et du fromage blanc nature au lait demi-écrémé (emballage à dominante bleue) ou écrémé (emballage à dominante verte). Des yaourts aux fruits sans sucre, au lait écrémé (0 % MG).

Du fromage frais de vache ou de chèvre, du parmesan râpé, un fromage classique (à 45 % MG)

– du camembert, par exemple dont l'apport calorique est modéré (90 calories pour une portion de 30 grammes).

De la crème à 30 ou 15 % MG – pas moins, sinon, elle n'a plus aucun goût !

Du beurre traditionnel ou allégé (à 41 % MG).

Du lait demi-écrémé ou écrémé, selon vos goûts.

Des œufs : pratiques pour remplacer la viande et cuisiner (flans, clafoutis, crêpes...). Un œuf égale 80 calories et apporte des protéines indispensables à l'entretien de la masse musculaire.

➜ Des viandes maigres

Escalopes de poulet, de veau, de porc, de dinde ou du filet mignon, steak ou carpaccio de bœuf...

➜ Des légumes faciles et rapides à cuisiner

Salade, radis, concombre, carottes, brocolis, chou-fleur...

➜ Des condiments

Herbes fraîches (persil, ciboulette, basilic...) et citrons pour donner du goût sans apporter de calories.

Au congélateur

➜ Des légumes nature prêts à l'usage
Carottes, épinards... et des mélanges pour wok et pour soupes.

➜ Des purées de légumes nature
Purée de carottes, de brocolis, de haricots verts, de champignons...

➜ Des poissons et crustacés
Filets de poisson (lieu, cabillaud, saumon...) et des crevettes

➜ Des fruits nature
Mangue, melon, fruits rouges...

Dans le placard

➜ Des tomates pelées, du concentré de tomates

➜ De la moutarde, du vinaigre, des cornichons

➜ Du thon au naturel, des filets de sardines sans huile ou à la tomate, du saumon au naturel

➜ Des légumes au naturel (haricots verts, asperges, petits pois et carottes...) et des légumineuses (lentilles, flageolets...)

➜ Des pâtes, du riz (de préférence complets), du quinoa, du boulgour, du sarrasin...

➜ Des galettes à base de tofu pour remplacer la viande de temps en temps

➜ Des tablettes de bouillon de légumes ou de poulet dégraissé, de la sauce soja, du nuoc-mâm, de la sauce Worcestershire

➜ De l'ail, des oignons, des échalotes

➜ Des fruits secs (raisins, cranberries...) et des oléagineux à ajouter, à petite dose, dans les céréales de déjeuner, les desserts, les salades composées...

Dans la corbeille de fruits

➜ Des fruits frais de saison

Pour démarrer la journée

Pour être en forme toute la matinée et éviter les grignotages, optez pour un petit déjeuner gourmand et équilibré ! Pensez à mettre au menu ● du pain, des céréales (de préférence complètes) ou une part de gâteau maison, une ou deux crêpes… ● un fruit ou un jus de fruits, en variant selon les saisons ● des protéines, qui favorisent une bonne satiété et sont indispensables au maintien de la masse musculaire. Intégrez chaque jour dans votre menu, au choix : des œufs, du jambon, du fromage, un bol de lait de vache, de soja ou d'amande… Et si vous n'avez pas faim en vous réveillant, emportez un mini-sandwich ou un fruit, un yaourt… pour passer une matinée sereine et éviter de vous jeter sur le déjeuner !

Lait d'amande et de soja aux graines de chia

Pour 1 personne
Préparation : 10 min
Repos : 30 min
100 kcal/portion

✓ 10 cl de lait d'amande
✓ 10 cl de lait de soja
✓ 1 cuil. à café de graines de chia
✓ ½ pomme verte
✓ ½ citron
✓ 1 pincée de cannelle

● Versez les graines de chia dans un verre rempli d'eau froide et laissez-les gonfler pendant 30 minutes. Égouttez-les.

● Lavez la pomme, ôtez le cœur et coupez-en la moitié en tout petits dés. Arrosez de quelques gouttes de jus de citron.

● Versez le lait de soja dans un grand verre et ajoutez le lait d'amande, les graines de chia, les dés de pomme et la cannelle, puis mélangez.

Les super pouvoirs du chia

Cette boisson est très rassasiante grâce aux graines de chia qui gonflent et remplissent l'estomac. Le chia est une plante de la famille des lamiacées (famille de la menthe), originaire du Mexique et du Pérou. Il est aujourd'hui principalement cultivé pour ses graines.

Crêpes au son d'avoine

Pour 1 personne
(3 à 4 crêpes)
Préparation : 10 min
Cuisson : 16 min
220 kcal/portion

- ✓ 2 blancs d'œufs
- ✓ 2 cuil. à soupe de Maïzena®
- ✓ 2 cuil. à soupe de son d'avoine
- ✓ 10 cl de lait de riz
- ✓ 3 cuil. à soupe de coulis de framboises non sucré
- ✓ 1 cuil. à café de sucre roux
- ✓ ½ cuil. à café d'huile de colza

● Battez légèrement les blancs d'œufs à la fourchette, sans les monter en neige. Ajoutez la Maïzena®, le son, le lait de riz et mélangez. Laissez reposer 10 minutes pour que le son s'hydrate.

● Mélangez le coulis et le sucre roux.

● Faites chauffer une poêle antiadhésive très légèrement huilée. Versez une louchette de pâte et faites cuire 2 minutes sur chaque face. Recommencez jusqu'à épuisement de la pâte.

● Dégustez les crêpes tièdes ou froides avec le coulis.

Dans le blanc de l'œuf

Les blancs d'œufs sont légers en calories, car ils ne contiennent pas de matières grasses. Réalisées avec 1 œuf entier, ces crêpes apportent 260 calories par portion.

Œufs brouillés superprotéinés

Pour 2 personnes
Préparation : 10 min
Cuisson : 10 min
220 kcal/portion

- ✓ 50 g de jambon blanc dégraissé
- ✓ 5 brins de ciboulette
- ✓ 3 œufs
- ✓ 20 g de lait écrémé en poudre
- ✓ 20 g de parmesan
- ✓ 1 cuil. à café d'huile de colza
- ✓ sel, poivre

● Émincez le jambon en fins bâtonnets. Rincez et hachez la ciboulette.

● Battez les œufs dans un saladier. Ajoutez le lait en poudre, le parmesan, la moitié de la ciboulette, du sel et du poivre.

● Faites chauffer l'huile dans une casserole. Ajoutez le jambon découpé et laissez dorer à feu vif pendant 2 minutes.

● Baissez le feu, ajoutez les œufs battus, laissez prendre sur feu doux en remuant. Saupoudrez avec le reste de la ciboulette et servez aussitôt.

Les vertus des protéines

Les protéines ont un effet coupe-faim naturel. Ce plat en contient 16 g par portion, soit près de 25 % des besoins quotidiens.

Mini-blinis aux pommes

Pour 1 personne
(3 à 4 blinis)
Préparation : 10 min
Cuisson : 6 min
250 kcal/portion

✓ 1 œuf

✓ 20 g de farine de sarrasin

✓ 10 g de Maïzena®

✓ 2 cuil. à soupe de lait

✓ 1 pincée de levure

✓ ½ pomme

✓ ½ cuil. à café d'huile de colza

✓ sirop d'agave pour servir

✓ sel

● Battez l'œuf, la farine de sarrasin, la Maïzena®, le lait, la levure et une pincée de sel.

● Pelez la pomme, râpez-en la moitié avec une petite râpe à main. Éliminez le jus. Ajoutez la pomme râpée dans la pâte et mélangez.

● Huilez très légèrement une petite poêle à blinis avec du papier absorbant imbibé d'huile de colza.

● Faites chauffer la poêle, puis versez une louchette de pâte par blini. Laissez cuire 3 minutes sur chaque face, à feu doux. Servez avec du sirop d'agave.

Nos amies les fibres

Ces petites crêpes riches en fibres vous rassasient pour la matinée. Complétez simplement avec une boisson chaude sans sucre et un yaourt nature (total = 300 calories).

Carrot cake riche en fibres

Pour 4 personnes
Préparation : 20 min
Cuisson : 35 min
245 kcal/portion

- ✓ 300 g de carottes
- ✓ 100 g de Maïzena®
- ✓ 1 sachet de levure
- ✓ 40 g de sucre roux
- ✓ 2 pincées de cannelle
- ✓ 2 œufs
- ✓ 100 g de fromage blanc 20 % MG
- ✓ 3 gouttes d'extrait de vanille liquide
- ✓ 2 cuil. à soupe de son de blé
- ✓ 30 g de noix de pécan
- ✓ sel

● Préchauffez le four à 150 °C (th. 5). Pelez les carottes, rincez-les, puis râpez-les très finement au robot. Disposez-les dans une passoire. Hachez grossièrement les noix de pécan.

● Mélangez dans un saladier la Maïzena®, la levure, le sucre roux, la cannelle, une pincée de sel. Ajoutez les œufs, le fromage blanc, la vanille liquide. Travaillez avec une spatule pour obtenir une pâte lisse.

● Ajoutez les carottes râpées bien égouttées, le son et les noix de pécan hachées.

● Versez dans un moule carré. Faites cuire 35 minutes au four.

● Laissez refroidir avant de démouler.

Le saviez-vous ?

Ce gâteau est riche en fibres et en antioxydants (des carotènes qui résistent à la cuisson). Il contient par ailleurs très peu de lipides (6,5 g par portion environ).

Petits pains d'épice très légers à l'orange

Pour 6 personnes
Préparation : 20 min
Cuisson : 15 min
200 kcal/portion
(6 muffins)

✓ 1 orange bio

✓ 100 g de farine de blé

✓ 50 g de farine de seigle

✓ 60 g de sucre roux

✓ 1 sachet de levure alsacienne

✓ 3 œufs

✓ 3 petits-suisses à 0 % MG (180 g)

✓ 1 cuil. à café d'épices pour pain d'épice

✓ 1 pincée de sel

● Préchauffez le four à 180 °C (th. 6). Lavez l'orange, râpez sa peau pour obtenir 1 cuillerée à café de zeste. Pressez la moitié de l'orange.

● Mélangez dans un saladier les farines de blé et de seigle, le sucre roux, la levure, les épices et le sel. Ajoutez les œufs, le jus d'orange, le zeste et les petits-suisses. Mélangez pour obtenir une pâte lisse.

● Versez dans de petits moules en silicone (à muffins ou à mini-cakes). Faites cuire 15 minutes au four. Dégustez tiède ou froid.

Info nutrition

Ces petits pains d'épice ne contiennent pas de matière grasse ajoutée. Vous pouvez les déguster nature ou agrémentés d'un peu de beurre.

Muesli coupe-faim

Pour 1 personne
Préparation : 10 min
390 kcal/portion

- ✓ ½ banane
- ✓ 1 kiwi
- ✓ 10 g de noix
- ✓ 10 g de noisettes
- ✓ 1 yaourt 0 % MG au lait de brebis
- ✓ 20 g de flocons de millet
- ✓ 20 g de flocons de soja toastés
- ✓ 10 g de cranberries séchées
- ✓ 1 cuil. à café de sirop d'agave

- Pelez la banane et le kiwi, coupez-les en petits morceaux. Hachez grossièrement les noix et noisettes.
- Versez le yaourt au lait de brebis dans un bol, ajoutez les flocons de soja et de millet, les fruits découpés et les cranberries.
- Ajoutez le sirop d'agave et dégustez aussitôt.

Le lait de brebis dans tous ses états

Le lait de brebis est un peu gras, mais on trouve désormais des yaourts fabriqués à base de lait de brebis écrémé, tout aussi délicieux.

Sandwich frais et léger

Pour 1 personne
Préparation : 10 min
Cuisson : 5 min
340 kcal/portion

- ✓ 2 grandes tranches de pain de mie complet
- ✓ 1 petit morceau de concombre
- ✓ 4 olives noires dénoyautées
- ✓ 2 feuilles de basilic
- ✓ 30 g de Carré Frais® 0 % MG
- ✓ 3 fines tranches de jambon de dinde (90 g)
- ✓ poivre

- Faites griller les tranches de pain de mie. Pelez le concombre, rincez-le, puis émincez-le en fines tranches. Hachez les olives et le basilic lavé.
- Tartinez les tranches de pain avec le fromage frais sur un côté.
- Répartissez les olives et le basilic haché, les tranches de concombre. Poivrez.
- Garnissez une tranche de pain avec le jambon de dinde, couvrez avec l'autre tranche.
- Coupez le sandwich en diagonale pour servir.

L'en-cas minceur

Un sandwich équilibré et pauvre en matières grasses à déguster en arrivant au bureau ou pour un brunch léger.

Jus détox à la spiruline

Pour 1 personne
Préparation : 10 min
50 kcal/portion

✓ 2 poignées d'épinards

✓ 1 petit morceau de chou chinois

✓ 1 citron

✓ 1 pomelo

✓ 2 pincées de spiruline

- Rincez les épinards et le chou. Passez-les à la centrifugeuse. Pressez le citron et le pomelo.
- Versez le jus de citron et de pomelo dans un verre, ajoutez le jus de chou et d'épinards, puis la spiruline.
- Mélangez et dégustez aussitôt.

Une petite cure ?

Ce jus est idéal pour nettoyer et relancer le système digestif. Faites-en une cure au printemps et à l'automne, à boire le matin à jeun pendant 5 à 6 jours.

Smoothie fruits rouges et graines de chia

Pour 1 personne
Préparation : 5 min
Repos : 30 min
80 kcal/portion

✓ 200 g de fraises

✓ 100 g de framboises

✓ 1 cuil. à café de graines de chia

✓ ½ verre de jus de pomme

✓ 1 cuil. à café de sucralose (facultatif)

● Versez les graines de chia dans un verre d'eau froide et laissez-les reposer 30 minutes pour qu'elles s'hydratent. Égouttez-les.

● Rincez les fruits rouges, versez-les dans un blender avec le jus de pomme et le sucralose (facultatif si les fraises sont bien mûres). Mixez.

● Versez le jus dans un verre, ajoutez les graines de chia égouttées, mélangez et dégustez aussitôt.

Comment le boire ?

C'est un smoothie riche en vitamine C, en carotènes et en fibres. Buvez-le à petites gorgées pour un effet rassasiant optimal.

Plats végétariens complets

Manger végétarien est compatible avec une alimentation minceur : saine et équilibrée, la tendance veggie est même plutôt l'alliée de votre ligne. Pensez simplement à suivre quelques règles ! ● Associez si possible les céréales et les légumineuses dans les menus (riz et lentilles, pâtes et haricots…) pour un apport protéique de bonne qualité nutritionnelle ● N'abusez pas du fromage, gras et calorique : limitez-vous à une portion par jour (30 à 40 g) et privilégiez les laitages plus maigres (yaourt…) ● Consommez des légumes crus ou cuits à chaque repas : peu caloriques, ils équilibrent vos assiettes végétales et apportent des antioxydants ● Les galettes de tofu et croquettes de céréales du commerce sont souvent grasses… Réalisez-les vous-même !

Soupe de lentilles corail et chèvre frais

Pour 4 personnes
Préparation : 15 min
Cuisson : 20 min
130 kcal/portion

- ✓ 100 g de lentilles corail
- ✓ 1 poireau
- ✓ 1 petite courgette
- ✓ 1 oignon
- ✓ 1 tablette de bouillon de légumes
- ✓ 5 brins de cerfeuil
- ✓ 40 g de chèvre frais
- ✓ poivre

● Rincez le poireau et la courgette, puis émincez-les. Pelez l'oignon, coupez-le en morceaux. Rincez le cerfeuil.

● Portez à ébullition 1,2 l d'eau additionnée de la tablette de bouillon de légumes et de poivre. Ajoutez les lentilles corail, le poireau, la courgette et l'oignon découpés. Couvrez et laissez mijoter 20 minutes à feu doux.

● Hachez finement le cerfeuil. Découpez le chèvre frais en petits morceaux.

● Mixez le potage, ajoutez le cerfeuil, rectifiez l'assaisonnement. Versez dans 4 assiettes, ajoutez le fromage frais et dégustez aussitôt.

Info nutrition

Une soupe légère en calories et bien pourvue en fibres et glucides ! Les lentilles ayant un index glycémique bas, elles contribuent à une bonne satiété.

Verrines avocat, quinoa et betterave lactofermentée

Pour 4 personnes
Préparation : 20 min
Cuisson : 15 min
140 kcal/portion

- ✓ 60 g de quinoa rouge
- ✓ 1 bel avocat
- ✓ 1 kiwi
- ✓ 120 g de betterave râpée lactofermentée
- ✓ 1 poignée de graines germées
- ✓ 5 brins de persil plat
- ✓ 1 gousse d'ail
- ✓ 1 cuil. à soupe d'huile de noix
- ✓ 2 cuil. à soupe de vinaigre de noix
- ✓ sel, poivre

● Rincez le quinoa, puis faites-le cuire 15 minutes à l'eau bouillante salée. Égouttez-le et laissez refroidir.

● Pelez et découpez l'avocat et le kiwi en dés. Égouttez la betterave râpée. Rincez et égouttez les graines germées. Rincez et hachez le persil et l'ail pelé.

● Mélangez l'huile et le vinaigre de noix, 1 cuillerée à soupe d'eau, l'ail et le persil hachés, salez et poivrez.

● Répartissez dans 4 verrines d'abord le quinoa, puis l'avocat et le kiwi, les betteraves et terminez par des graines germées.

● Ajoutez la sauce au moment de servir.

Des verrines pleines d'énergie

Voici une entrée vitaminée dont l'apport en lipides est très réduit (moins de 5 g par portion).

Clafoutis aux tomates cerises, lait de chèvre et basilic

Pour 4 personnes
Préparation : 20 min
Cuisson : 25 min
185 kcal/portion

- ✓ 300 g de tomates cerises rouges et jaunes
- ✓ feuilles de basilic
- ✓ 80 g de farine de riz ou de Maïzena®
- ✓ 15 cl de lait de chèvre
- ✓ 3 œufs
- ✓ 1 pincée de noix de muscade
- ✓ 40 g de tomme de chèvre sèche
- ✓ sel, poivre

● Rincez et essuyez les tomates. Rangez-les dans un plat allant au four. Préchauffez le four à 180 °C (th. 6). Rincez et hachez les feuilles de basilic.

● Mélangez la farine de riz, le lait de chèvre et les œufs dans un saladier. Ajoutez du sel, du poivre, le basilic et la noix de muscade. Coupez la tomme de chèvre en très fines lamelles.

● Versez le mélange sur les tomates cerises. Répartissez le fromage en surface et faites cuire 25 minutes au four. Servez tiède ou froid.

Entrée ou plat ?

Vous pouvez servir le clafoutis en entrée (pour 4 personnes) ou en plat principal (pour 2 personnes). Dans ce cas, l'apport calorique sera de 370 calories par personne.

Galette bretonne, œuf miroir et champignons

Pour 1 personne
Préparation : 15 min
Cuisson : 10 min
320 kcal/portion

- ✓ 100 g de champignons
- ✓ 1 cuil. à café de crème allégée à 15 % MG
- ✓ 40 g de farine de sarrasin
- ✓ 1 œuf
- ✓ ½ cuil. à café d'huile d'olive
- ✓ ½ cuil. à café d'huile de colza
- ✓ 1 pincée de persil haché surgelé
- ✓ sel, poivre

● Lavez les champignons et émincez-les. Faites-les sauter avec l'huile d'olive, du sel, du poivre et le persil haché. Ajoutez la crème, mélangez et gardez au chaud.

● Mélangez la farine de sarrasin avec 5 cl d'eau et une pincée de sel. Ajoutez, si nécessaire, un peu d'eau pour obtenir une pâte lisse et assez fluide.

● Graissez très légèrement une grande poêle à crêpe avec l'huile de colza. Versez la pâte et faites cuire 3 minutes sur une face.

● Retournez la galette, cassez l'œuf par-dessus. Ajoutez les champignons autour de l'œuf. Laissez cuire 3 minutes. Repliez les quatre côtés de la galette et servez aussitôt.

Des galettes light

Les galettes de sarrasin sont très faciles à faire et elles représentent une excellente base de repas, car elles sont sans matière grasse, mais aussi sans gluten pour ceux qui doivent l'éviter.

Pois chiches aux légumes croquants et à la coriandre

Pour 4 personnes
Préparation : 20 min
Cuisson : 10 min
180 kcal/portion

- ✓ 400 g de pois chiches en bocal (poids égoutté)
- ✓ 1 oignon
- ✓ 1 gousse d'ail
- ✓ 1 courgette
- ✓ 2 tomates
- ✓ 1 poivron rouge
- ✓ 10 brins de coriandre
- ✓ 1 cuil. à soupe d'huile d'olive
- ✓ 1 pincée de thym
- ✓ 1 pincée de cumin en poudre
- ✓ 1 pincée de piment
- ✓ sel, poivre

● Rincez et égouttez les pois chiches. Pelez et hachez l'oignon et l'ail. Lavez la courgette, les tomates, le poivron, puis émincez-les en petits dés. Lavez et hachez la coriandre.

● Faites chauffer l'huile dans une sauteuse. Ajoutez l'oignon, l'ail, la courgette et le poivron. Faites sauter 5 minutes à feu vif en remuant.

● Ajoutez les dés de tomate, les pois chiches, la coriandre, le thym. Salez, poivrez, ajoutez un peu de cumin et de piment. Remuez 5 minutes sur feu vif et servez aussitôt.

So vegan

Ce plat riche en fibres peut être complété par du boulgour (100 g cuits = 100 calories) pour en faire un plat végétalien complet.

Galette violette, salade aux noisettes et kiwi jaune

Pour 4 personnes
Préparation : 30 min
Cuisson : 35 min
295 kcal/portion

- ✓ 400 g de pommes de terre à chair farineuse
- ✓ 300 g de pommes de terre violettes
- ✓ 1 oignon
- ✓ 1 œuf
- ✓ 1 cuil. à soupe d'huile d'olive
- ✓ 80 g de mâche
- ✓ 30 g de noisettes
- ✓ 2 kiwis jaunes
- ✓ 1 cuil. à soupe d'huile de noisette
- ✓ 1 cuil. à soupe de moutarde forte
- ✓ 2 cuil. à soupe de vinaigre de cidre
- ✓ sel, poivre

Préchauffez le four à 180 °C (th. 6). Pelez les deux variétés de pommes de terre et l'oignon, puis râpez-les au robot. Égouttez-les, versez-les dans un saladier. Ajoutez l'œuf, du sel et du poivre.

Étalez l'huile d'olive dans un moule rond, versez les pommes de terre râpées. Faites cuire 35 minutes au four.

Rincez et essorez la mâche. Hachez les noisettes. Pelez et coupez les kiwis en quartiers. Mélangez l'huile de noisette, la moutarde, le vinaigre et 1 cuillerée à soupe d'eau. Salez et poivrez.

Répartissez la mâche, les kiwis et les noisettes sur 4 assiettes. Ajoutez la sauce. Découpez la galette chaude en quatre portions. Disposez sur les assiettes et servez aussitôt.

Astuce minceur

Cuite au four, la galette est beaucoup plus légère qu'avec une cuisson traditionnelle à la poêle (1 cuillerée à soupe d'huile au lieu de 3 à 4 à la poêle).

Buddha bowls haricots rouges, tortis et légumes d'été

Pour 4 personnes
Préparation : 25 min
Cuisson : 7 à 10 min
295 kcal/portion

- ✓ 120 g de tortis
- ✓ 240 g de haricots rouges
- ✓ 200 g de billes de melon surgelées (ou fraîches)
- ✓ 3 tomates allongées
- ✓ ½ concombre
- ✓ 1 avocat
- ✓ 1 petit morceau de gingembre
- ✓ 1 gousse d'ail
- ✓ 5 brins de coriandre
- ✓ 1 brin de menthe
- ✓ 1 cuil. à soupe d'huile d'olive
- ✓ 1 citron
- ✓ 4 cuil. à café de pâte de sésame blanc
- ✓ sel, poivre

Faites cuire les pâtes 7 à 10 minutes à l'eau bouillante salée (selon les indications du paquet), puis égouttez-les. Rincez et égouttez les haricots rouges. Faites décongeler les billes de melon 2 minutes au micro-ondes.

Rincez les tomates et le concombre, coupez-les en tranches. Pelez et découpez l'avocat en dés. Pelez le gingembre et l'ail, puis hachez-les. Hachez également la coriandre et la menthe après les avoir rincées.

Mélangez dans un bol l'huile d'olive, 3 cuillerées à soupe de jus de citron, du sel, du poivre, la moitié des herbes et l'ail haché.

Répartissez, dans 4 bols évasés, sans les mélanger, les pâtes, les haricots rouges, les tomates, l'avocat, le concombre et le melon. Disposez 1 cuillerée à café de pâte de sésame au centre de chaque bol. Répartissez la sauce et dégustez aussitôt.

Une salade équilibrée

Source de protéines végétales complémentaires (haricots, blé, sésame), la richesse en fibres de cette salade garantit une bonne satiété.

Salade tiède de lentilles vertes au tofu fumé

Pour 4 personnes
Préparation : 25 min
Cuisson : 15 min
290 kcal/portion

- ✓ 200 g de lentilles vertes du Puy
- ✓ 300 g de tofu japonais fumé
- ✓ 2 branches de céleri
- ✓ 3 cives
- ✓ 1 petit piment oiseau frais ou sec
- ✓ 40 g de cacahuètes grillées et salées
- ✓ 50 g de roquette lavée
- ✓ 1 cuil. à soupe d'huile de sésame
- ✓ 2 cuil. à soupe de vinaigre de riz
- ✓ 1 brin de thym
- ✓ 1 feuille de laurier
- ✓ sel, poivre

● Faites cuire les lentilles 15 minutes à l'eau bouillante, avec du poivre, le thym et le laurier. Égouttez-les, retirez le thym et le laurier.

● Découpez le tofu en lamelles. Rincez le céleri, coupez-le en tranches fines. Rincez les cives, coupez-les grossièrement. Coupez le piment en quatre morceaux, hachez les cacahuètes.

● Disposez dans un saladier la roquette, les lentilles, le tofu, le céleri. Décorez avec le piment, les cacahuètes et les cives. Salez légèrement, poivrez, ajoutez l'huile de sésame et le vinaigre de riz au moment de servir.

Tofu ou tofu ?

Si vous ne trouvez pas de tofu fumé (vendu en boutique bio), remplacez-le par du tofu aux cinq parfums, vendu dans les magasins asiatiques.

Penne à la tomate et au tofu

Pour 4 personnes
Préparation : 15 min
Cuisson : 27 min
425 kcal/portion

- ✓ 320 g de penne de blé complet
- ✓ 200 g de tofu très ferme
- ✓ 1 oignon
- ✓ 1 gousse d'ail
- ✓ 2 brins de basilic
- ✓ 600 g de tomates pelées (en boîte)
- ✓ 2 cuil. à soupe d'huile d'olive
- ✓ 40 g de parmesan râpé
- ✓ sel, poivre

Pelez et hachez l'oignon et l'ail. Rincez le basilic, hachez ses feuilles. Hachez le tofu. Concassez les tomates pelées en gardant leur jus.

Faites revenir l'oignon et l'ail dans une sauteuse avec l'huile d'olive.

Ajoutez le tofu découpé et la moitié du basilic haché. Salez, poivrez, laissez dorer 5 minutes en remuant.

Versez les tomates pelées, couvrez et laissez mijoter 15 minutes à feu doux.

Faites cuire les pâtes *al dente* dans un grand volume d'eau salée (pendant 7 minutes environ), puis égouttez-les. Versez les pâtes dans la sauce chaude, ajoutez le reste de basilic haché et le parmesan râpé. Servez aussitôt.

Et les vitamines alors ?

Ce plat est complet (glucides complexes, légumes cuits, protéines végétales). Terminez le repas avec une salade de fruits frais pour les vitamines (100 calories pour une portion de 200 g).

Feuilletés superlégers épinards-chèvre

Pour 4 personnes
Préparation : 20 min
Cuisson : 20 min
205 kcal/portion

✓ 300 g d'épinards hachés surgelés

✓ 4 feuilles de brick

✓ 4 rondelles de bûche de chèvre (4 x 20 g)

✓ 15 g de raisins secs

✓ 2 cuil. à soupe de crème allégée

✓ 15 g de pignons

✓ 1 cuil. à soupe d'huile d'olive

✓ sel, poivre

- Faites décongeler les épinards à feu doux, avec du sel, du poivre, les raisins et la crème dans une petite casserole. Remuez pour éviter que le mélange n'attache, mais n'ajoutez pas d'eau. Laissez tiédir.

- Préchauffez le four à 210 °C (th. 7). Faites dorer les pignons dans une petite poêle antiadhésive.

- Garnissez d'épinards chaque feuille de brick. Ajoutez une rondelle de chèvre et des pignons dorés. Poivrez, repliez la feuille en forme de brick triangulaire (ou carrée).

- Huilez légèrement la surface avec un pinceau imbibé d'huile d'olive. Faites cuire 10 minutes au four. Servez avec une salade ou des crudités.

Entrée ou plat ?

Servez vos feuilletés en entrée, avant un plat léger (poisson et légumes vapeur, grillade…) ou en plat principal en doublant les proportions.

Viandes et poissons légers

Les protéines de la viande et du poisson sont d'excellente qualité nutritionnelle et ces produits, rassasiants, sont un plus lorsque l'on surveille son poids. Mais il est impératif de bien les choisir. La viande blanche n'est pas forcément plus légère que la viande rouge : leur apport calorique varie selon les morceaux ● En ce qui concerne la volaille, privilégiez le poulet (sans peau), hormis les ailes vraiment grasses, la dinde, le lapin et la pintade ● Le porc est autorisé : escalope de porc, filet mignon et côte dans le filet sont particulièrement maigres ● Et pour les viandes rouges : steak, filet de bœuf, tournedos, côte de bœuf permettent de varier les menus ● Le gigot d'agneau est également modérément calorique ● Tous les poissons, coquillages et crustacés sont à mettre au menu, deux fois par semaine.

Agneau sauté à l'ail et au basilic

Pour 4 personnes
Préparation : 15 min
Cuisson : 10 min
150 kcal/portion

- ✓ 400 g de gigot d'agneau dégraissé en tranches
- ✓ 1 gousse d'ail
- ✓ 2 tiges de basilic
- ✓ 1 cuil. à soupe de câpres
- ✓ 1 cuil. à soupe d'huile d'olive
- ✓ 2 cuil. à soupe de vin blanc sec
- ✓ sel, poivre

Émincez le gigot, parfaitement dégraissé, en lamelles. Pelez et hachez l'ail, rincez le basilic, hachez-le. Égouttez les câpres.

Faites chauffer l'huile dans une sauteuse. Ajoutez l'agneau émincé, faites dorer à feu vif pendant 3 à 5 minutes, selon la cuisson désirée. Gardez la viande au chaud entre deux assiettes.

Déglacez la poêle avec le vin blanc sur feu vif, ajoutez l'ail, le basilic et les câpres. Ajoutez la viande avec son jus, salez et poivrez, faites chauffer 1 minute et servez aussitôt.

Le saviez-vous ?

Le gigot dégraissé ne contient que 6 g de lipides pour 100 g, ce qui en fait une viande légère et digeste. Riche en protéines et source de fer, le gigot en tranches est facile à cuisiner (même pour 1 personne) et très gourmand.

Escalopes de poulet panées aux graines de chia

Pour 4 personnes
Préparation : 10 min
Cuisson : 10 min
Repos : 1 h
125 kcal/portion

- ✓ 4 escalopes de poulet (400 g)
- ✓ 1 citron
- ✓ 1 cuil. à café de sauce soja
- ✓ 1 pincée de gingembre en poudre
- ✓ 1 pincée de cumin en poudre
- ✓ 30 g de graines de chia
- ✓ 1 cuil. à soupe d'huile de colza
- ✓ sel, poivre

● Aplatissez les escalopes avec un rouleau à pâtisserie couvert de film étirable, pour qu'elles soient fines et d'épaisseur régulière. Pressez le citron.

● Disposez-les dans un plat, arrosez avec la moitié du jus de citron et la sauce soja. Assaisonnez de gingembre et cumin en poudre, très peu ou pas de sel et du poivre. Couvrez de film étirable et laissez reposer 1 heure au frais.

● Égouttez les escalopes, saupoudrez de graines de chia sur les deux faces. Faites adhérer les graines en pressant avec le plat de la main.

● Faites chauffer l'huile dans une poêle, ajoutez les escalopes et faites cuire à feu vif 3 minutes sur chaque face. Servez avec le reste du jus de citron.

Info nutrition

L'apport énergétique des graines de chia est négligeable : elles contiennent surtout beaucoup de fibres.

Brochettes de bœuf yakitori

Pour 4 personnes
Préparation : 10 min
Cuisson : 3 à 4 min
210 kcal/portion

- ✓ 3 steaks de bœuf maigre (400 g)
- ✓ 4 cuil. à soupe de sauce soja sucrée
- ✓ 1 pincée de poivre de Sichuan en poudre
- ✓ 60 g de fromage à raclette en tranches
- ✓ 2 cives
- ✓ poivre

● Coupez les steaks en dés. Disposez le bœuf dans un saladier, ajoutez 2 cuillerées à soupe de sauce soja sucrée, poivrez, ajoutez un peu de poivre de Sichuan, mélangez.

● Retirez la croûte de la raclette, coupez les tranches en morceaux de la taille de la viande. Rincez et émincez les cives.

● Montez les brochettes en alternant les morceaux de bœuf et de fromage. Faites-les cuire sur un gril en fonte très chaud, 3 à 4 minutes, en les retournant plusieurs fois.

● Disposez sur un plat, ajoutez les cives et dégustez avec de la sauce soja.

Pour une cuisson légère

Utilisez un gril en fonte ou une plancha électrique, qui ne nécessitent pas d'être graissés, ce qui limite l'apport calorique.

Magrets aux groseilles

Pour 4 personnes
Préparation : 10 min
Cuisson : 10 min
Repos : 15 min
215 kcal/portion

- ✓ 500 g de magret de canard dégraissé (2 pièces)
- ✓ 1 pincée de cannelle
- ✓ 1 pincée de mélange d'épices cinq parfums
- ✓ 200 g de groseilles rouges
- ✓ 1 cuil. à soupe d'huile d'olive
- ✓ 2 cuil. à soupe de vinaigre de framboise
- ✓ 1 cuil. à soupe de miel liquide
- ✓ sel, poivre

● Saupoudrez les magrets de sel, poivre, cannelle et mélange d'épices cinq parfums sur les deux faces. Couvrez de film étirable et laissez reposer au frais 15 minutes minimum. Rincez et égrappez les groseilles.

● Faites chauffer une poêle huilée, ajoutez les magrets et laissez-les cuire 3 à 4 minutes sur chaque face, selon le degré de cuisson désiré. Placez la viande entre deux assiettes creuses.

● Mettez dans la poêle le vinaigre et le miel, laissez bouillir en remuant, puis ajoutez les groseilles sur feu vif.

● Remettez la viande dans la poêle avec son jus, laissez chauffer 1 minute, découpez la viande en tranches et servez aussitôt.

Et en accompagnement

Servez avec une jardinière de légumes nouveaux (carottes, navets, petits pois) cuite à la vapeur (une portion de 200 g = 120 calories).

Grillades de porc marinées à la plancha

Pour 4 personnes
Préparation : 10 min
Cuisson : 6 min
Repos : 1 h
220 kcal/portion

✓ 4 tranches de grillade de porc (4 x 120 g)

✓ 1 citron bio

✓ 2 cuil. à café d'huile d'olive

✓ 2 cuil. à soupe de miel liquide

✓ 2 gouttes d'huile essentielle de citron

✓ 2 gouttes d'huile essentielle de gingembre

✓ 1 pincée de thym

✓ jeunes pousses (pour servir)

✓ sel, poivre

● Lavez le citron. Prélevez quelques morceaux de zeste. Recoupez-les en fins bâtonnets. Pressez la moitié du citron. Disposez les grillades de porc dans un plat.

● Mélangez 1 cuillerée à café d'huile d'olive, le miel et les huiles essentielles. Badigeonnez la viande de ce mélange, sur les deux faces. Salez et poivrez, saupoudrez de thym. Laissez reposer 1 heure.

● Huilez très légèrement la plancha avec 1 cuillerée à café d'huile d'olive. Faites-la chauffer. Égouttez la viande. Faites cuire les tranches de viande 3 minutes sur chaque face, en les badigeonnant avec la marinade en cours de cuisson.

● Servez la viande découpée en lamelles, accompagnée d'une salade de jeunes pousses (apport calorique supplémentaire avec 1 cuillerée à soupe d'huile : 95 calories).

Les vertus de la grillade de porc

La grillade de porc est un morceau très moelleux, moins gras que l'échine. Elle est parfaite pour réaliser grillades et sautés express et légers.

Bœuf sauté, soba et champignons

Pour 4 personnes
Préparation : 15 min
Cuisson : 10 à 15 min
320 kcal/portion

- ✓ 400 g de bœuf à griller (bavette, steak)
- ✓ 150 g de pois gourmands
- ✓ 150 g de nouilles de sarrasin (soba)
- ✓ 1 oignon
- ✓ 200 g de champignons de Paris
- ✓ 5 brins de ciboulette
- ✓ 2 cuil. à soupe d'huile d'olive
- ✓ 3 cuil. à soupe de sauce soja
- ✓ 1 cuil. à café de graines de sésame noir
- ✓ sel, poivre

● Découpez le bœuf en lamelles. Faites cuire les pois gourmands 5 minutes à l'eau bouillante salée, avec les nouilles de sarrasin. Passez-les sous l'eau froide, puis égouttez-les.

● Pelez et hachez l'oignon. Rincez les champignons, émincez-les, ainsi que la ciboulette.

● Faites chauffer l'huile dans un wok ou une sauteuse. Ajoutez le bœuf, l'oignon et les champignons émincés. Laissez cuire 5 minutes à feu vif en remuant. Versez les nouilles et les pois gourmands, la sauce soja et la ciboulette. Salez et poivrez. Mélangez et servez, parsemé de sésame noir.

Idée menu

Ce plat complet et léger peut être associé à un laitage et un fruit, pour un menu à 500 calories environ.

Papillotes de lieu aux algues

Pour 4 personnes
Préparation : 20 min
Cuisson : 20 min
135 kcal/portion

- ✓ 4 portions de filet de lieu jaune (4 x 130 g)
- ✓ 2 tomates
- ✓ 1 courgette
- ✓ 1 citron bio
- ✓ 4 pincées d'algues mélangées en paillettes
- ✓ 4 cuil. à café d'huile d'olive
- ✓ sel, poivre

● Rincez et épongez le poisson. Lavez les tomates et la courgette. Coupez-les en tout petits dés. Éliminez totalement le jus des tomates, en pressant légèrement dessus. Lavez le citron et coupez 4 rondelles au centre.

● Préchauffez le four à 210 °C (th. 7). Disposez une feuille de papier sulfurisé sur le plan de travail. Garnissez cette papillote avec le quart des tomates et de la courgette. Placez un filet de poisson par-dessus. Salez, poivrez, saupoudrez d'algues et ajoutez 1 rondelle de citron et 1 cuillerée à café d'huile d'olive.

● Repliez le papier pour fermer la papillote. Préparez de la même façon les autres papillotes.

● Enfournez pour 20 minutes. Laissez légèrement tiédir avant de servir.

Les super pouvoirs des algues

Les algues sont reminéralisantes, elles complètent les apports en fer, en zinc, en sélénium et vous permettent de garder votre tonus.

Cabillaud vapeur, soja et cives

Pour 4 personnes
Préparation : 15 min
Cuisson : 15 min
135 kcal/portion

- ✓ 500 g de filet de cabillaud
- ✓ 1 cuil. à soupe d'huile de colza
- ✓ 1 morceau de gingembre de 2 cm
- ✓ 3 cives
- ✓ 5 cuil. à soupe de sauce soja
- ✓ poivre

● Rincez le cabillaud, épongez-le. Badigeonnez-le très légèrement d'huile de colza. Pelez et rincez le gingembre, coupez-le en fines tranches, puis en bâtonnets. Rincez les cives, émincez-les.

● Préchauffez le cuit-vapeur. Versez la sauce soja dans un plat pouvant être placé dans le panier du cuit-vapeur. Ajoutez le poisson coupé en dés et les bâtonnets de gingembre. Poivrez et faites cuire 15 minutes à la vapeur.

● Ajoutez les cives au moment de servir. Dégustez avec du riz nature (150 g de riz cuit = 150 calories) ou des légumes vapeur (150 g = 25 calories).

Astuce

L'huile de colza est facultative, mais elle évite au poisson de se dessécher. Si vous n'en mettez pas, couvrez le plat de papier sulfurisé perforé de quelques trous (gain calorique : 20 calories par portion).

Poisson cru au piment et coco

Pour 4 personnes
Préparation : 15 min
Marinade : 3 h
135 kcal/portion

- ✓ 400 g de filet de poisson blanc (cabillaud, lieu...)
- ✓ 1 citron
- ✓ 1 gousse d'ail
- ✓ 1 oignon blanc
- ✓ 1 piment antillais
- ✓ 5 tiges de coriandre
- ✓ 3 cuil. à soupe de lait de coco
- ✓ sel, poivre

Rincez, essuyez et découpez le poisson en lamelles. Disposez-les sur un plat en les étalant. Ajoutez le jus du citron, couvrez de film étirable, placez au frais.

Pelez et hachez finement l'ail. Rincez l'oignon, éliminez les radicelles, puis hachez-le. Rincez le piment, prélevez-en deux ou trois petits morceaux.

Ajoutez l'ail, l'oignon et le piment au poisson. Salez et poivrez. Mélangez, couvrez et laissez mariner 3 heures.

Rincez et hachez la coriandre. Égouttez le poisson, disposez-le sur 4 assiettes, nappez d'un peu de lait de coco, décorez avec la coriandre et servez aussitôt.

Astuce

Vous pouvez préparer le poisson la veille, il sera encore plus parfumé. Servez-le avec des patates douces vapeur (1 portion de 150 g = 120 calories) ou une salade (avec 1 cuillerée à soupe d'huile = 90 calories).

Crevettes à la thaïe

Pour 4 personnes
Préparation : 15 min
Cuisson : 10 min
210 kcal/portion

✓ 500 g de crevettes cuites décortiquées

✓ 1 gousse d'ail

✓ 1 oignon

✓ 2 tomates

✓ 10 brins de coriandre

✓ 1 tige de citronnelle

✓ 40 g de cacahuètes

✓ 3 feuilles de kafir

✓ 1 cuil. à soupe d'huile d'olive

✓ 1 cuil. à café de concentré de tomates

✓ sel, poivre

● Rincez et épongez les crevettes. Pelez et hachez l'ail et l'oignon. Lavez les tomates, coupez-les en petits dés. Rincez et hachez la coriandre, coupez la citronnelle en petits morceaux. Hachez grossièrement les cacahuètes.

● Faites sauter l'ail, l'oignon et la citronnelle dans une sauteuse avec l'huile d'olive pendant 5 minutes. Ajoutez le concentré de tomates, les dés de tomate, les feuilles de kafir, puis les crevettes. Salez et poivrez, et faites sauter 5 minutes à feu vif.

● Ajoutez la coriandre et les cacahuètes avant de servir.

Le saviez-vous ?

Le concentré de tomates a un apport calorique négligeable, car la quantité employée est toujours faible. N'hésitez pas à l'utiliser pour donner du goût à vos plats mijotés.

En-cas et plats pour la pause déj

Manger léger au quotidien, au bureau ou entre deux activités n'est pas compliqué. C'est surtout une question d'organisation. Construisez vos menus comme vous le feriez pour un repas classique ● Autour des protéines (végétales ou animales), prévoyez des légumes et des féculents. Ce plat peut être consommé chaud ou froid et prendre des formes très variées : sandwich complet, salade composée, buddha bowl… ● Complétez avec un fruit et un laitage, que vous mangerez éventuellement dans l'après-midi, si votre pause déjeuner est courte ● Pensez aussi aux soupes (à compléter de pain et de fromage, par exemple) et aux cakes et muffins salés, base à agrémenter de crudités (tomates cerises, radis…).

Soupe froide concombre-cerfeuil

Pour 4 personnes
Préparation : 10 min
90 kcal/portion

- ✓ 1 concombre
- ✓ 1 avocat
- ✓ 1 gousse d'ail
- ✓ 5 brins de cerfeuil
- ✓ 1 brin de menthe
- ✓ 2 yaourts au lait de brebis 0 % MG
- ✓ 1 pincée de piment d'Espelette
- ✓ sel, poivre

● Pelez le concombre et l'avocat, coupez leur chair en dés. Pelez la gousse d'ail. Rincez les herbes, effeuillez-les.

● Mixez dans un blender puissant le concombre, l'avocat, les yaourts, l'ail et les herbes pour obtenir un mélange lisse. Salez, poivrez, ajoutez le piment d'Espelette.

● Conservez au frais dans une bouteille hermétique. Secouez avant de déguster.

Idée menu

Une soupe fraîche et désaltérante, à compléter par un petit sandwich (50 g de pain, 50 g de jambon et quelques tranches de tomate ou de concombre) et un fruit.

Soupe de légumes et pâtes au pistou

Pour 4 personnes
Préparation : 15 min
Cuisson : 15 min
175 kcal/portion

- ✓ 100 g de pâtes courtes pour soupes (ditalini par exemple)
- ✓ 400 g de julienne de légumes surgelée
- ✓ 1 oignon
- ✓ 2 tranches de jambon blanc dégraissé (100 g)
- ✓ 1 cuil. à soupe d'huile d'olive
- ✓ 1 tablette de bouillon de légumes
- ✓ 1 gousse d'ail
- ✓ 5 brins de basilic
- ✓ 2 cuil. à soupe de parmesan
- ✓ poivre

● Pelez et hachez l'oignon. Émincez le jambon en lamelles. Faites chauffer l'huile dans une cocotte. Ajoutez l'oignon haché, le jambon, puis la julienne surgelée. Mélangez et laissez dorer 5 minutes à feu vif.

● Ajoutez 1,5 l d'eau et la tablette de bouillon. Poivrez. Portez à ébullition. Ajoutez les pâtes et laissez cuire 10 minutes à feu vif.

● Pendant la cuisson de la soupe, pelez et hachez l'ail, rincez le basilic et hachez-le très finement.

● Mélangez-les et ajoutez-les au moment de servir. Saupoudrez de parmesan et dégustez ou réservez au chaud dans une Thermos. Cette soupe se réchauffe aussi très facilement au micro-ondes.

Pour un repas équilibré

Cette soupe riche en légumes contient des féculents et une petite portion de protéines. Complétez-la avec un yaourt et un fruit.

Petits cakes à la courgette et au chèvre

Pour 6 personnes
Préparation : 20 min
Cuisson : 15 min
225 kcal/portion

✓ 1 courgette

✓ 5 morceaux de tomates séchées

✓ 5 tiges de basilic

✓ 100 g de farine d'épeautre complète

✓ 50 g de farine blanche de riz

✓ 1 sachet de levure alsacienne

✓ 2 œufs

✓ 4 cl d'huile d'olive

✓ 2 petits-suisses 0 % MG

✓ 100 g de chèvre frais

✓ 2 cuil. à café de graines de pavot

✓ sel, poivre

● Préchauffez le four à 180 °C (th 6). Lavez la courgette, râpez-la grossièrement. Éliminez le surplus d'eau. Émincez les tomates séchées. Rincez le basilic, effeuillez-le et hachez-le.

● Mélangez les farines d'épeautre et de riz, la levure, du sel et du poivre. Ajoutez les œufs, l'huile d'olive et les petits-suisses. Mélangez, puis incorporez la courgette râpée et les tomates séchées. Ajoutez en dernier, sans trop remuer, le chèvre coupé en petits morceaux.

● Versez dans 6 petits moules à cake en carton ou en silicone.

● Saupoudrez de graines de pavot et faites cuire 15 minutes au four. Dégustez tiède ou froid, découpé en tranches.

La courgette, alliée minceur

La courgette allège la pâte et lui donne du moelleux, mais son apport en calories est négligeable (15 calories pour 100 g).

Rouleaux frais et légers au thon

Pour 1 personne
Préparation : 15 min
220 kcal/portion

- ✓ 100 g de thon au naturel
- ✓ 1 tomate
- ✓ 4 morceaux de pousse de bambou en conserve
- ✓ 5 brins de coriandre
- ✓ 3 feuilles de menthe
- ✓ 1 petit Carré Frais® 0 % MG
- ✓ 4 petites feuilles de riz rondes
- ✓ 1 poignée de roquette lavée
- ✓ poivre

● Égouttez et émiettez le thon. Lavez et coupez la tomate en fines tranches. Égouttez les pousses de bambou. Rincez et hachez la coriandre et la menthe.

● Mélangez le fromage frais et le thon, poivrez.

● Trempez rapidement 1 feuille de riz dans une assiette remplie d'eau froide. Garnissez-la avec un morceau de pousse de bambou et le quart des autres ingrédients : thon au fromage, roquette, tranches de tomate et herbes fraîches.

● Repliez la feuille pour former un rouleau. Procédez de même avec les autres feuilles de riz.

● Emballez les rouleaux dans du film étirable et placez-les au frais jusqu'au moment du repas. Dégustez nature ou avec un peu de sauce soja.

Oui aux feuilles de riz

Les feuilles de riz sont très fines et légères en calories (1 petite feuille de riz apporte moins de 10 calories). Elles sont parfaites pour les repas nomades légers et vitaminés, garnies de crudités, de blanc de poulet, de crevettes et d'herbes fraîches.

Brochettes de poulet au citron et à la moutarde

Pour 4 personnes
Préparation : 20 min
Cuisson : 5 min
130 kcal/portion

- ✓ 400 g de blanc de poulet
- ✓ 1 cuil. à soupe de sauce Worcestershire
- ✓ 2 cuil. à soupe de moutarde forte
- ✓ 2 pincées de curcuma
- ✓ 1 brin d'estragon frais
- ✓ 1 cuil. à soupe d'huile d'olive
- ✓ 1 citron
- ✓ 2 pincées de sésame noir
- ✓ sel, poivre

Coupez le poulet en petits dés. Disposez-les sur un plat. Ajoutez la sauce Worcestershire, la moutarde, le curcuma et l'estragon rincé et effeuillé. Salez légèrement et poivrez. Mélangez pour bien enrober les morceaux.

Montez 12 mini-brochettes avec les morceaux de poulet. Faites chauffer un gril légèrement huilé. Disposez les brochettes par-dessus et laissez cuire 5 minutes, en les retournant plusieurs fois. Arrosez d'un peu de jus de citron en cours de cuisson. Saupoudrez de sésame noir et dégustez tiède ou froid.

Sauces light

Les sauces soja et Worcestershire sont très savoureuses, mais n'apportent pratiquement pas de calories. Elles sont très utiles pour relever le goût des produits assez neutres (poulet, dinde, tofu).

Salade de millet, mini-légumes et poulet

Pour 4 personnes
Préparation : 25 min
Cuisson : 25 min
325 kcal/portion

- ✓ 4 escalopes de poulet
- ✓ 120 g de millet jaune
- ✓ 150 g de mini-carottes
- ✓ 150 g de fleurettes de chou-fleur
- ✓ 8 avocats cocktail
- ✓ 12 radis rouges
- ✓ 2 cuil. à soupe d'huile de noix
- ✓ 2 cuil. à soupe de vinaigre balsamique
- ✓ 1 oignon nouveau
- ✓ 5 brins de persil
- ✓ sel, poivre

Faites griller les escalopes de poulet, sans matière grasse, à feu vif pendant 8 minutes, en les retournant une fois. Salez, poivrez, laissez tiédir et découpez en lamelles.

Faites cuire le millet 15 minutes à l'eau bouillante salée, puis égouttez-le.

Rincez les mini-carottes, coupez-les en quatre dans la longueur. Redécoupez les fleurettes de chou-fleur pour qu'elles soient plus petites. Pelez les mini-avocats et émincez-les dans la longueur. Rincez les radis, coupez-les en rondelles.

Mélangez l'huile de noix, le vinaigre, ajoutez 1 cuillerée à soupe d'eau froide, du sel et du poivre. Hachez l'oignon, lavez et ciselez le persil.

Disposez le millet et les légumes dans un saladier. Ajoutez le poulet et la sauce, l'oignon et le persil hachés. Mélangez et servez aussitôt.

En plein dans le millet

Un plat complet et rassasiant, car bien pourvu en protéines et en fibres. Ajoutez un yaourt et un fruit pour un repas sur le pouce à moins de 500 calories au total.

Omelette roulée, salade d'épinards

Pour 1 personne
Préparation : 15 min
Cuisson : 10 min
315 kcal/portion

- ✓ 2 œufs
- ✓ 1 cive
- ✓ 5 radis
- ✓ 10 tomates cerises
- ✓ ½ pomme verte
- ✓ ½ yaourt brassé 0 % MG
- ✓ 3 tranches de filet de bacon (30 g)
- ✓ 2 poignées de pousses d'épinards rincées
- ✓ 2 cuil. à café d'huile d'olive
- ✓ sel, poivre

● Rincez la cive, hachez-la finement. Rincez les radis, coupez-les en rondelles. Coupez les tomates cerises en deux. Rincez la pomme, coupez-en la moitié en bâtonnets.

● Mélangez le yaourt brassé, 1 cuillerée à café d'huile d'olive, la moitié de la cive hachée, du sel et du poivre. Battez les œufs avec le filet de bacon finement émincé, le reste des cives, du sel et du poivre.

● Faites chauffer une poêle de 20 cm de diamètre très légèrement huilée. Ajoutez la moitié des œufs battus et faites cuire en couche mince, sans mélanger.

● Retournez l'omelette quand elle est prise, poursuivez la cuisson 2 minutes et laissez refroidir sur une assiette.

● Faites cuire de la même façon le reste des œufs battus. Roulez les omelettes, coupez-les en deux.

● Disposez les pousses d'épinards, les radis, les tomates et la pomme dans un large bol. Ajoutez la sauce au yaourt et les fines omelettes roulées. Dégustez froid.

Info nutrition

Une salade riche en protéines, à compléter avec une tranche de pain de campagne (40 g = 100 calories), car elle ne contient pas de féculent.

Salade de vermicelles de riz au porc

Pour 4 personnes
Préparation : 25 min
Cuisson : 8 min
320 kcal/portion

- ✓ 150 g de vermicelles de riz
- ✓ 4 tranches fines de grillade de porc (4 x 100 g)
- ✓ 2 carottes
- ✓ 1 concombre
- ✓ ½ laitue iceberg
- ✓ 2 brins de menthe
- ✓ 5 brins de coriandre
- ✓ 4 pincées de mélange d'épices cinq parfums
- ✓ 2 cuil. à soupe de vinaigre de riz
- ✓ 1 cuil. à soupe d'huile de sésame
- ✓ 2 cuil. à soupe de sauce soja
- ✓ 2 cuil. à café de sésame blond
- ✓ sel, poivre

● Faites tremper les vermicelles 15 minutes dans un saladier d'eau froide, puis égouttez-les. Pelez les carottes, rincez-les et râpez-les grossièrement. Rincez le concombre, râpez-le également. Lavez et émincez la laitue iceberg. Rincez et effeuillez la menthe et la coriandre.

● Saupoudrez les tranches de viande de mélange cinq parfums, de sel et de poivre.

● Faites-les cuire sur un gril en fonte bien chaud, 4 minutes de chaque côté.

● Laissez tiédir et découpez en dés. Mélangez le vinaigre de riz, l'huile de sésame et la sauce soja.

● Répartissez dans 4 bols évasés les vermicelles, la laitue, les carottes, le concombre et la viande. Ajoutez les herbes et les graines de sésame. Assaisonnez de sauce au moment de servir.

Chaud ou froid ?

Cette salade asiatique est délicieuse froide, mais vous pouvez également ajouter, au dernier moment, la viande chaude.

Vinicio Capossela

Salade de riz rouge, crevettes et ananas

Pour 4 personnes
Préparation : 20 min
Cuisson : 20 min
360 kcal/portion

✓ 120 g de riz rouge

✓ 400 g d'ananas frais ou en conserve (au jus, non sucré)

✓ 1 petit cœur de céleri

✓ 1 oignon violet

✓ 1 avocat

✓ 400 g de crevettes cuites décortiquées

✓ 2 poignées de roquette lavée

✓ 2 cuil. à soupe de vinaigre balsamique blanc

✓ 2 cuil. à soupe d'huile d'olive

✓ sel, poivre

● Faites cuire le riz 20 minutes à l'eau bouillante salée, puis égouttez-le. Découpez l'ananas en dés. Rincez le céleri, émincez-le finement, ainsi que l'oignon violet pelé. Pelez l'avocat, coupez-le en lamelles.

● Rincez et épongez les crevettes. Disposez le riz froid dans un saladier, ajoutez la roquette, le céleri, l'ananas et l'avocat.

● Assaisonnez de vinaigre balsamique blanc, d'huile d'olive, de sel et de poivre. Mélangez.

● Disposez les crevettes par-dessus, parsemez d'oignon haché avant de servir.

Conseil nutrition

La salade contient déjà une portion de fruit, inutile d'en prévoir au menu. Complétez simplement avec un laitage.

Sandwich chèvre-saumon à l'aneth

Pour 1 personne
Préparation : 10 min
Cuisson : 2 min (facultatif)
370 kcal/portion

- ✓ 2 tranches de pain de campagne au levain (total : 60 g)
- ✓ 1 petit morceau de concombre (10 cm)
- ✓ 1 kiwi
- ✓ 40 g de chèvre frais
- ✓ 1 tranche de saumon fumé (50 g)
- ✓ 1 poignée de jeunes pousses mélangées et lavées
- ✓ 1 brin d'aneth
- ✓ sel, poivre

● Si vous le souhaitez, vous pouvez faire toaster légèrement le pain au grille-pain. Rincez le morceau de concombre et émincez-le en très fines tranches. Pelez le kiwi et coupez-le en fines rondelles.

● Tartinez le pain de fromage de chèvre sur une face. Disposez la moitié du concombre et du kiwi sur une tranche de pain. Placez le saumon par-dessus, complétez avec le reste du concombre et du kiwi. Terminez avec les jeunes pousses et un peu d'aneth. Salez et poivrez

● Disposez la seconde tranche de pain par-dessus. Dégustez ou emballez dans du film étirable et placez au frais pour consommer ultérieurement.

Les vertus du saumon

Le saumon (frais ou fumé) est plus calorique que les poissons blancs (180 calories, au lieu de 90 calories, pour 100 g), mais c'est une bonne source d'oméga-3, indispensable au système cardio-vasculaire.

Plats light pour recevoir

Faire attention à sa ligne n'empêche pas de recevoir des amis et de passer de bons moments en toute convivialité ! À vous de gérer le menu pour que tout le monde se régale de bons petits plats, sains et légers • Proposez, à l'apéritif, des amuse-gueule vitaminés : dips de légumes, mini-soupes glacées, sorbets de tomate… • Composez un menu simple : entrée, plat et dessert – le plateau de fromages n'étant pas indispensable • Optez pour des modes de cuisson demandant peu de matière grasse : cuisson au four (viandes, poisson, légumes, pommes de terre), sauté (wok), plats mijotés au vin blanc, aux herbes et légumes aromatiques (oignon, thym, laurier, tomate, poivron, basilic…) • Choisissez un dessert à base de fruits, un entremets ou une glace pour conclure sur une note légère.

Soupe de fèves à la sauge et au filet de bacon

Pour 4 personnes
Préparation : 20 min
Cuisson : 25 min
115 kcal/portion

✓ 300 g de fèves pelées surgelées

✓ 2 carottes

✓ 1 oignon

✓ 1 courgette

✓ 1 tablette de bouillon de légumes

✓ 120 g de filet de bacon en tranches fines

✓ 1 cuil. à soupe d'huile d'olive

✓ 2 feuilles de sauge

✓ 1 pincée de piment (facultatif)

✓ poivre

- Pelez et lavez les carottes et l'oignon. Rincez la courgette. Coupez les légumes en dés.
- Portez à ébullition 1,25 l d'eau avec du poivre et la tablette de bouillon de légumes. Ajoutez les légumes découpés et les fèves. Couvrez et laissez cuire 20 minutes.
- Émincez le filet de bacon en fines lamelles. Faites-le revenir dans l'huile d'olive, avec les feuilles de sauge coupées en deux, à feu vif pour le rendre croustillant.
- Mixez la soupe, versez dans 4 bols ou assiettes creuses, ajoutez le bacon et la sauge, un peu de piment si vous le souhaitez et servez aussitôt.

Le saviez-vous ?

Le filet de bacon ne contient pratiquement pas de lipides (moins de 3 g pour 100 g). Son apport calorique est donc similaire à celui du jambon blanc dégraissé.

Verrines de dorade et truite fumée au pomelo

Pour 4 personnes
Préparation : 20 min
Cuisson : 3 min
165 kcal/portion

- ✓ 200 g de dorade crue très fraîche
- ✓ 100 g de truite fumée
- ✓ 2 pomelos roses
- ✓ 1 petite mangue
- ✓ 1 échalote
- ✓ 2 poignées de mâche
- ✓ 25 g de graines de courge
- ✓ 1 cuil. à soupe d'huile de noix
- ✓ 1 cuil. à soupe de vinaigre balsamique
- ✓ sel, poivre

● Rincez la dorade, épongez-la. Hachez-la ainsi que la truite fumée.

● Pelez à vif les pomelos, puis découpez les quartiers délicatement, en éliminant la pellicule qui les sépare. Pelez la mangue, coupez-la en dés. Récupérez le jus des fruits pendant le découpage. Pelez et hachez l'échalote. Rincez la mâche.

● Faites dorer les graines de courge 3 minutes à feu moyen. Laissez tiédir.

● Mélangez l'huile, le vinaigre, l'échalote hachée et le jus des fruits. Salez et poivrez.

● Montez 4 verrines en commençant par la mangue, ajoutez ensuite le pomelo, les poissons hachés et la mâche. Versez la sauce, décorez avec les graines et servez aussitôt.

Conseil nutrition

Vous pouvez remplacer la truite fumée par du saumon, mais il est parfois plus gras. Inutile de prévoir un fruit au dessert, car ce plat en contient déjà une portion.

Aumônières de saint-jacques, sauce à la crème

Pour 4 personnes
Préparation : 20 min
Cuisson : 16 min
165 kcal/portion

- ✓ 8 noix de saint-jacques (240 g)
- ✓ 1 échalote
- ✓ 5 brins de persil
- ✓ 1 cuil. à soupe rase de Maïzena®
- ✓ 3 cuil. à soupe de vin blanc sec
- ✓ 4 cuil. à café de crème fraîche épaisse entière
- ✓ 4 feuilles de brick
- ✓ 1 cuil. à soupe d'huile d'olive
- ✓ jeunes pousses pour servir
- ✓ sel, poivre

- Rincez et épongez les noix de saint-jacques. Pelez et hachez l'échalote. Rincez et hachez le persil.
- Faites cuire, sans matière grasse, les noix de saint-jacques et l'échalote, pendant 5 minutes.
- Salez, poivrez, saupoudrez de Maïzena®, mouillez avec le vin blanc. Mélangez, ajoutez la crème, le persil et laissez cuire 1 minute.
- Préchauffez le four à 210 °C (th. 7). Huilez très légèrement les feuilles de brick avec un pinceau. Garnissez-les chacune de deux noix de saint-jacques et de sauce. Fermez les feuilles en forme d'aumônière, avec de la ficelle de cuisine.
- Enfournez pour 10 minutes, le temps que les aumônières soient bien colorées. Servez chaud, avec une salade de jeunes pousses.

Variante

Les noix de saint-jacques peuvent être remplacées par des pétoncles, qui ont le même profil nutritionnel. Sources de protéines et pauvres en lipides, elles sont parfaites pour les plats festifs et légers.

Crumble de poulet et légumes du soleil

Pour 4 personnes
Préparation : 30 min
Cuisson : 35 min
335 kcal/portion

- ✓ 400 g de blanc de poulet
- ✓ 2 tomates
- ✓ 1 aubergine
- ✓ 1 fenouil
- ✓ 1 oignon
- ✓ 1 cuil. à soupe d'huile d'olive
- ✓ 10 olives noires dénoyautées
- ✓ 1 brin de basilic
- ✓ 100 g de farine de blé complète
- ✓ 60 g de beurre allégé à 41 % MG
- ✓ 2 cuil. à soupe de parmesan râpé
- ✓ 1 pincée de noix de muscade
- ✓ sel, poivre

● Coupez le poulet en petits dés. Rincez les tomates, l'aubergine, le fenouil, l'oignon pelé et émincez-les finement.

● Faites revenir le poulet et les légumes à feu vif dans une sauteuse, avec l'huile d'olive, pendant 10 minutes en remuant. Salez, poivrez, ajoutez la noix de muscade, puis versez dans un plat allant au four.

● Préchauffez le four à 210 °C (th. 7). Hachez grossièrement les olives et le basilic rincé. Ajoutez-les dans le plat.

● Travaillez la farine et le beurre allégé, avec un peu de sel et de poivre, pour obtenir un mélange sableux. Versez sur le poulet aux légumes. Tassez légèrement, puis saupoudrez de parmesan.

● Enfournez pour 25 minutes. Servez chaud ou froid.

Le crumble idéal

Ce crumble, riche en fibres, rassasie bien et apporte peu de calories et moins de 8 g de lipides par portion.

Ticket vente n° [illegible]

B00391f_w

Julie à votre service

(63) Mme Valerie Valette

Désignation		T.T.C.
Offre Découverte TechniSpa		20,00 €
Code #G312, Code TVA #1		
COFFRET MINCEUR		47,50 €
Code #0500838, Code TVA #1		
A payer		**67,50 €**
dont TVA	20,00 % (1)	11,25 €
Total H.T		56,25 €
Règlement		
Carte		67,50 €
Rendu de Monnaie		0,00 €

Institut Pré-affilié GUINOT

Désignation [illegible] 110

A payer 67,50 €

Instant Pressing [illegible]

Tagliatelles d'épeautre aux deux saumons

Pour 4 personnes
Préparation : 20 min
Cuisson : 20 min
395 kcal/portion

- ✓ 2 pavés de saumon cru (200 g)
- ✓ 150 g de saumon fumé
- ✓ 320 g de tagliatelles à l'épeautre
- ✓ 1 courgette
- ✓ 5 brins de cerfeuil
- ✓ 2 feuilles de menthe
- ✓ 5 brins de persil plat
- ✓ 1 cuil. à soupe de baies roses
- ✓ 4 cuil. à soupe de crème allégée à 15 % MG
- ✓ sel, poivre

Rincez le saumon cru, coupez-le en dés. Coupez le saumon fumé en lamelles. Rincez la courgette et les herbes. Coupez la courgette en petits dés, hachez le cerfeuil, la menthe et le persil.

Faites dorer le saumon cru dans une sauteuse, à feu vif et sans matière grasse. Quand il est coloré, ajoutez les dés de courgette, les baies roses, du sel et du poivre. Laissez cuire 5 minutes, puis versez la crème.

Faites cuire les pâtes dans un grand volume d'eau salée, pendant 10 minutes environ (ou suivez les indications du paquet), puis égouttez-les.

Versez-les dans la sauteuse, ajoutez le saumon fumé émincé et les herbes. Remuez délicatement avant de servir.

Le saviez-vous ?

Les pâtes complètes cuisent plus longtemps et absorbent davantage d'eau que les pâtes à base de farine blanche. Le volume dans l'assiette est donc plus important, mais l'apport calorique n'augmente pas.

Poulet aux aubergines et colombo

Pour 6 personnes
Préparation : 15 min
Cuisson : 40 min
165 kcal/portion

✓ 6 petites cuisses de poulet sans peau (coupées en deux au niveau de l'articulation)

✓ 2 aubergines

✓ 1 oignon

✓ 1 gousse d'ail

✓ 3 cives

✓ ½ bouquet de coriandre

✓ 2 cuil. à soupe d'huile d'olive

✓ 1 citron vert

✓ 2 cuil. à soupe de poudre de colombo

✓ 1 pincée de thym

✓ 1 pincée de piment

✓ 600 g de riz basmati cuit pour servir

✓ sel, poivre

● Rincez et découpez les aubergines en petits dés. Pelez et hachez l'oignon et l'ail. Rincez les cives et la coriandre, émincez-les.

● Faites revenir les cuisses de poulet à feu vif dans une cocotte avec l'huile d'olive, pendant 10 minutes, en les retournant plusieurs fois.

● Disposez-les sur une assiette. Ajoutez l'oignon, l'ail, les aubergines et les cives dans la cocotte. Faites dorer 5 minutes sur feu moyen en remuant. Ajoutez 2 verres d'eau, le poulet, les épices à colombo, le thym et le piment.

● Salez et poivrez, mélangez, couvrez et laissez mijoter 25 minutes. Arrosez de jus de citron vert en fin de cuisson.

● Servez avec 100 g par personne de riz basmati cuit nature (+ 100 calories par portion).

Astuce

Voilà un plat mijoté très léger que vous pouvez préparer la veille et réchauffer le lendemain sans problème. Riche en protéines, il apporte très peu de lipides à condition d'enlever la peau du poulet.

Cabillaud à l'aneth, en feuilles de brick

Pour 4 personnes
Préparation : 15 min
Cuisson : 15 min
170 kcal/portion

- ✓ 4 filets de cabillaud de 100 g
- ✓ 1 citron bio
- ✓ 1 brin d'aneth
- ✓ 8 tomates cerises
- ✓ 4 feuilles de brick
- ✓ 2 cuil. à soupe d'huile d'olive
- ✓ 4 pincées de graines de pavot
- ✓ sel, poivre

Rincez et épongez le poisson. Lavez le citron, découpez 4 belles rondelles au centre. Rincez l'aneth, coupez-la en quatre petits morceaux. Rincez les tomates cerises, coupez-les en deux. Préchauffez le four à 210 °C (th. 7).

Huilez légèrement au pinceau les feuilles de brick, puis les filets de cabillaud sur les deux faces. Garnissez chaque feuille de brick avec un filet de poisson, 1 rondelle de citron, 1 brin d'aneth et 4 demi-tomates. Salez et poivrez.

Repliez les feuilles de brick pour emballer le poisson de façon hermétique. Maintenez le tout avec des piques en bois. Saupoudrez de graines de pavot.

Enfournez pour 15 minutes. Servez chaud.

Et en accompagnement

Un joli plat dont l'apport calorique reste très modéré.
Servez-le avec des légumes mijotés : ratatouille ou champignons sautés, par exemple (1 portion de 180 g de chaque apporte 70 calories).

Cocotte de lotte au safran

Pour 4 personnes
Préparation : 25 min
Cuisson : 30 min
200 kcal/portion

- ✓ 700 g de lotte
- ✓ 1 oignon
- ✓ 1 carotte
- ✓ 250 g de champignons
- ✓ ½ bouquet de persil plat
- ✓ 1 cuil. à soupe d'huile d'olive
- ✓ 1 brin de thym
- ✓ 1 feuille de laurier
- ✓ 2 dosettes de safran en poudre
- ✓ ½ verre de vin blanc
- ✓ 2 cuil. à soupe de crème allégée à 15 % MG épaisse
- ✓ 1 cuil. à café de Maïzena®
- ✓ sel, poivre

Rincez et découpez la lotte en cubes. Pelez l'oignon et la carotte, émincez-les. Lavez les champignons, éliminez leur pied sableux, puis émincez-les. Rincez le persil, puis hachez-le.

Faites chauffer l'huile d'olive dans une sauteuse, ajoutez la lotte, dorez 5 minutes à feu moyen. Disposez-la sur une assiette.

Versez les légumes dans la sauteuse, laissez-les dorer 5 minutes en remuant.

Remettez le poisson dans la sauteuse avec le thym, le laurier, le persil et le safran. Mouillez avec le vin blanc, salez et poivrez.

Couvrez et laissez mijoter 20 minutes à feu doux.

Mélangez la crème fraîche et la Maïzena®. Versez-les dans la sauteuse. Laissez bouillir 1 minute et servez aussitôt.

Le saviez-vous ?

La Maïzena® apporte très peu de calories à petite dose (1 cuillerée à café égale 20 calories environ) et permet d'obtenir une sauce onctueuse qui nappe le poisson.

Souris d'agneau au thym et miel

Pour 4 personnes
Préparation : 15 min
Cuisson : 50 min
215 kcal/portion

- ✓ 4 petites souris d'agneau
- ✓ 1 orange bio
- ✓ 1 citron bio
- ✓ 1 oignon
- ✓ 1 cuil. à soupe d'huile d'olive
- ✓ 1 tablette de bouillon de légumes
- ✓ 4 cuil. à café de miel d'oranger
- ✓ 1 brin de thym
- ✓ poivre

- Lavez l'orange et le citron. Prélevez quelques fins morceaux de zeste. Pressez les fruits. Pelez et hachez l'oignon.
- Faites dorer les souris d'agneau dans une cocotte avec l'huile d'olive. Ajoutez l'oignon haché, laissez colorer quelques minutes.
- Poivrez, ajoutez le bouillon de légumes émietté, les zestes, le miel, le thym et le jus des agrumes.
- Couvrez et laissez confire à feu doux 40 minutes. Vérifiez régulièrement si la sauce n'est pas trop réduite et ajoutez un peu d'eau chaude si nécessaire.

Et en accompagnement

Servez ce plat avec des courgettes ou des brocolis vapeur (= 25 calories pour une portion de 200 g).

Flan de tomate et pomme de terre aux pignons

Pour 4 personnes
Préparation : 25 min
Cuisson : 40 min
270 kcal/portion

- ✓ 700 g de pommes de terre à chair fondante
- ✓ 4 tomates rondes
- ✓ 1 petit oignon
- ✓ 1 gousse d'ail
- ✓ 2 brins de basilic
- ✓ 1 petit morceau de romarin
- ✓ 4 œufs
- ✓ 10 cl de lait demi-écrémé
- ✓ 1 cuil. à soupe de Maïzena®
- ✓ 30 g de pignons
- ✓ salade pour servir
- ✓ sel, poivre

● Pelez, lavez et émincez les pommes de terre en fines rondelles. Lavez les tomates et coupez-les en rondelles. Pelez et hachez l'oignon et l'ail. Rincez, effeuillez et hachez le basilic.

● Préchauffez le four à 180 °C (th. 6). Rangez les rondelles de pomme de terre et de tomate dans un plat à gratin, en les intercalant. Répartissez entre elles l'ail, l'oignon et le basilic hachés. Salez et poivrez. Ajoutez quelques feuilles de romarin.

● Battez les œufs, le lait et la Maïzena®. Versez sur les légumes. Ajoutez les pignons et enfournez pour 40 minutes.

● Dégustez chaud ou froid, avec une salade.

Au menu

Un flan très parfumé, à compléter d'une soupe ou d'une salade, d'un laitage et d'un fruit pour un dîner convivial et léger.

Douceurs minceur

Adaptez les classiques pour les alléger et vous régaler sans complexe ● Réduisez la quantité habituelle de sucre (d'un tiers environ) ou remplacez-le par un édulcorant n'apportant pas ou peu de calories : sirop d'agave, stévia, sucralose… Ce dernier présente l'avantage de supporter la cuisson (autour de 180 °C) sans perdre son pouvoir sucrant ● Allégez en matière grasse : remplacez une partie du beurre par du beurre allégé, de la crème à 30 % MG ou des petits-suisses, pour préparer les gâteaux et les pâtes à tarte ● Privilégiez les desserts peu caloriques : compotes, fruits au four, carpaccio et tartares, entremets (mousses, flans, crèmes…) ● Utilisez de la gélatine ou de l'agar-agar (gélifiant à base d'algues) qui n'apportent aucune calorie et permettent aux entremets d'avoir une bonne tenue.

Mini-fondants chocolat et noix de pécan

Pour 8 personnes
Préparation : 20 min
Cuisson : 15 min
180 kcal/portion

- ✓ 150 g de chocolat noir à 50 % de cacao
- ✓ 20 g de beurre allégé à 41 % MG
- ✓ 3 œufs
- ✓ 4 cuil. à soupe de sucralose
- ✓ 40 g de noix de pécan
- ✓ 40 g de Maïzena®
- ✓ 1 pincée de sel

● Faites fondre le chocolat cassé en morceaux et le beurre 1 min 30 au micro-ondes. Lissez le mélange à la spatule.

● Séparez les jaunes d'œufs des blancs. Travaillez les jeunes et le sucralose pour obtenir un mélange jaune clair mousseux. Hachez grossièrement les noix de pécan.

● Préchauffez le four à 150-180 °C (th. 5-6). Montez les blancs en neige très ferme avec le sel.

● Incorporez le chocolat fondu dans les jaunes d'œufs battus, ainsi que la Maïzena®. Ajoutez délicatement les blancs en neige.

● Ajoutez les noix de pécan, versez dans 8 petits moules en silicone et faites cuire 12 minutes. Servez tiède ou froid.

Oui, du chocolat !

Une petite gourmandise (dont l'apport calorique est très raisonnable), à consommer à la fin d'un repas léger (poisson, légumes verts…).

Faisselles, poires et mûres sauce caramel

Pour 4 personnes
Préparation : 15 min
Cuisson : 10 min
120 kcal/portion

- ✓ 4 poires fondantes
- ✓ ½ citron
- ✓ 150 g de mûres
- ✓ 1 gousse de vanille
- ✓ 10 g de beurre
- ✓ 30 g de sucre roux
- ✓ 4 faisselles 0 % MG

- Pelez les poires, coupez-les en tranches pas trop fines. Arrosez-les d'un peu de jus de citron. Épongez délicatement les mûres. Ouvrez la gousse de vanille et récupérez les graines.
- Faites fondre le beurre dans une grande poêle. Ajoutez les tranches de poire, sans les serrer. Saupoudrez de sucre roux et faites caraméliser à feu vif. Retournez-les délicatement une fois.
- Rangez les tranches de poire sur 4 assiettes. Faites réduire le jus à feu vif.
- Égouttez et démoulez les faisselles sur les 4 assiettes. Décorez avec des graines de vanille. Ajoutez les mûres et la sauce caramélisée. Servez aussitôt.

Info nutrition

Dans un repas, ce dessert remplace une portion de produit laitier et une portion de fruit. Servez les poires légèrement tièdes, c'est encore meilleur !

Œufs au lait aux myrtilles et framboises

Pour 4 personnes
Préparation : 15 min
Cuisson : 25 min
Réfrigération : 2 h
140 kcal/portion

✓ 30 cl de lait demi-écrémé
✓ 1 sachet de sucre vanillé
✓ 4 œufs
✓ 4 cuil. à soupe de sucralose
✓ 100 g de grosses myrtilles
✓ 100 g de framboises
✓ 2 cuil. à café de sucre glace

● Préchauffez le four à 180 °C (th. 6). Versez 2 verres d'eau dans un plat et enfournez-le.

● Portez le lait à ébullition avec le sucre vanillé. Battez les œufs, versez le lait chaud par-dessus sans cesser de fouetter. Ajoutez le sucralose.

● Versez dans 4 ramequins. Répartissez-y les myrtilles et les framboises. Puis placez-les au bain-marie dans le plat contenant de l'eau.

● Faites cuire 20 minutes, puis laissez refroidir à température ambiante.

● Placez ensuite au frais pour 2 heures, couvert de film étirable. Saupoudrez d'un voile de sucre glace au moment de servir.

Info nutrition

Ce dessert est riche en protéines, car il contient 1 œuf par portion, ainsi que du lait. Peu sucré, il est léger et rafraîchissant.

Muffins légers aux pommes

Pour 8 personnes
Préparation : 20 min
Cuisson : 20 min
125 kcal/portion

✓ 100 g de farine

✓ 1 sachet de levure

✓ 40 g de sucre roux

✓ 1 sachet de sucre vanillé

✓ 2 pincées de cannelle

✓ 2 œufs

✓ 1 yaourt brassé 0 % MG

✓ 30 g de purée d'amandes blanches

✓ 2 petites pommes douces

● Mélangez la farine, la levure, le sucre roux, le sucre vanillé et une pincée de cannelle. Ajoutez les œufs, le yaourt et la purée d'amandes. Mélangez pour obtenir une pâte lisse.

● Préchauffez le four à 180 °C (th. 6). Pelez les pommes, découpez-les en petits dés. Ajoutez-les à la pâte et mélangez.

● Versez dans 8 moules à muffins en silicone. Saupoudrez de cannelle et enfournez pour 20 minutes. Dégustez froid.

Une envie de goûter

Pour un goûter gourmand et light, accompagnez votre muffin d'un thé non sucré. Si vous faites du sport, complétez avec un fruit (+ 80 calories pour 1 pomme).

Madeleines au blé complet et baies de goji

Pour 6 personnes
(12 madeleines moyennes ou 18 petites)
Préparation : 15 min
Cuisson : 10 min
140 kcal/portion de 2 ou 3 madeleines, selon la taille

- ✓ 80 g de farine de blé complet
- ✓ 20 g de Maïzena®
- ✓ 4 cuil. à soupe de sucralose
- ✓ ½ sachet de levure alsacienne
- ✓ 2 œufs
- ✓ 1 petit-suisse à 0 % MG
- ✓ 40 g de beurre
- ✓ 30 g de baies de goji
- ✓ sel

● Mélangez la farine et la Maïzena®, le sucralose, une pincée de sel et la levure. Ajoutez les œufs, le petit-suisse et le beurre fondu. Mélangez, ajoutez les baies de goji.

● Préchauffez le four à 150 °C (th. 5). Versez la pâte dans des moules à mini-madeleines.

● Faites cuire 10 minutes au four. Démoulez quand les madeleines sont tièdes. Dégustez froid.

Proust version light

Riches en fibres et en antioxydants, ces madeleines sont parfaites pour compléter un repas léger (une salade composée, une soupe…).

Pain perdu à la compote d'abricots

Pour 4 personnes
Préparation : 15 min
Cuisson : 25 min
190 kcal/portion

✓ 600 g d'abricots dénoyautés
✓ 1 étoile de badiane
✓ 1 pincée de cannelle
✓ 2 cuil. à soupe de sucralose
✓ 1 œuf
✓ 4 tranches de pain de campagne un peu sec (4 x 40 g)
✓ 8 cl de lait demi-écrémé
✓ 1 sachet de sucre vanillé
✓ 10 g de beurre allégé

● Coupez les abricots en dés. Versez-les dans une casserole avec la badiane et la cannelle. Ajoutez 2 cuillerées à soupe d'eau, couvrez et laissez mijoter 15 minutes. Ajoutez le sucralose et le sucre vanillé, et laissez tiédir.

● Battez l'œuf dans une assiette creuse. Trempez rapidement les tranches de pain dans le lait tiédi, puis dans l'œuf battu.

● Faites chauffer le beurre allégé dans une poêle antiadhésive. Ajoutez les tranches de pain et faites-les dorer 3 minutes sur chaque face. Servez tiède, avec la compote.

Retrouvez le goût du pain perdu !

Idéal au goûter, si vous êtes spécialement actif, le pain perdu complète également un dîner léger : une soupe et une salade verte, par exemple.

Dômes Passion au thé matcha

Pour 4 personnes
Préparation : 15 min
Cuisson : 5 min
Réfrigération : 3 h
80 kcal/portion

- ✓ 4 feuilles de gélatine
- ✓ 40 cl de lait écrémé
- ✓ 10 cl de lait de coco
- ✓ 3 cuil. à soupe de sucralose
- ✓ 1 petite mangue
- ✓ 4 fruits de la Passion
- ✓ 1 cuil. à café de thé matcha

● Faites tremper la gélatine dans un saladier d'eau froide pendant 10 minutes, puis essorez-la. Faites chauffer le lait écrémé et le lait de coco. Ajoutez la gélatine essorée et le sucralose.

● Versez le mélange dans des demi-sphères en silicone. Placez au frais pour 3 heures au moins.

● Pelez la mangue, coupez-la en morceaux. Mixez-la pour obtenir un coulis. Ajoutez la chair et les graines des fruits de la Passion, mélangez.

● Démoulez délicatement les dômes sur 4 assiettes. Ajoutez le coulis mangue-Passion tout autour. Saupoudrez les dômes de thé matcha et servez aussitôt.

Astuce

Un dessert festif particulièrement frais et léger. Goûtez le coulis avant de servir : s'il vous semble peu sucré, ajoutez 1 à 2 cuillerées à soupe de sucralose.

Pop cakes et fruits d'été

Pour 6 personnes
Préparation : 20 min
Cuisson : 15 min
145 kcal/portion

✓ 80 g de farine
✓ 30 g de sucre en poudre
✓ 1 sachet de sucre vanillé
✓ ½ sachet de levure
✓ 30 g de beurre
✓ 1 œuf
✓ 40 g de chocolat noir à 70 % de cacao
✓ 1 cuil. à soupe de lait
✓ 250 g de petites fraises
✓ 2 cuil. à soupe de sucralose

● Préchauffez le four à 150 °C (th. 5). Mélangez dans un saladier la farine, le sucre en poudre, le sucre vanillé et la levure. Ajoutez le beurre fondu et l'œuf. Mélangez pour obtenir une pâte homogène.

● Versez la pâte dans les alvéoles d'un moule à pop cakes en silicone (18 biscuits), placez le couvercle. Faites cuire 15 minutes au four. Laissez tiédir avant de démouler. Répartissez les pop cakes sur 6 assiettes.

● Faites fondre le chocolat cassé en morceaux avec le lait, 30 secondes au micro-ondes. Lissez, décorez les gâteaux de zébrures de chocolat fondu.

● Rincez les fraises, épongez-les délicatement, retirez le pédoncule et coupez-les en deux. Disposez-les dans les assiettes, saupoudrez de sucralose et servez aussitôt.

Tea time pop

À partager en famille, ou entre amis, ces pop cakes peuvent être accompagnés d'un thé vert parfumé aux fruits rouges ou à la rose.

Mousses tiramisu

Pour 4 personnes
Préparation : 15 min
Cuisson : 5 min
Réfrigération : 2 h
160 kcal/portion

- ✓ 4 feuilles de gélatine
- ✓ 200 g de fromage blanc à 20 % MG
- ✓ 100 g de mascarpone
- ✓ 6 cuil. à soupe de sucralose
- ✓ 2 blancs d'œufs
- ✓ 4 biscuits à la cuillère
- ✓ 2 cuil. à café de café soluble
- ✓ 20 g de copeaux de chocolat noir
- ✓ 1 pincée de sel

● Faites tremper les feuilles de gélatine 10 minutes dans l'eau froide, puis essorez-les. Mélangez le fromage blanc, le mascarpone et 4 cuillerées à soupe de sucralose.

● Faites fondre la gélatine dans 2 cuillerées à soupe d'eau bouillante. Incorporez-la à la préparation précédente en mélangeant avec un fouet.

● Montez les blancs d'œufs, additionnés de sel, en neige très ferme.

● Incorporez-les délicatement au mélange à base de fromage blanc. Versez dans 4 coupes, couvrez de film étirable et placez au frais pour 2 heures au moins.

● Découpez les biscuits à la cuillère en tout petits dés. Diluez le café dans 1 cuillerée à soupe d'eau bouillante. Ajoutez 2 cuillerées à soupe de sucralose.

● Au moment de servir, disposez les dés de biscuit sur la mousse, ajoutez quelques gouttes de sirop du café et des copeaux de chocolat.

Un tiramisu minceur ça existe !

Un tiramisu revisité, qui apporte moitié moins de calories que la version classique, beaucoup plus grasse et sucrée.

Tartares fraises et melon

Pour 4 personnes
Préparation : 15 min
55 kcal/portion

- ✓ 300 g de fraises
- ✓ 250 g de chair de melon
- ✓ ½ citron vert
- ✓ 2 cuil. à soupe de sirop de rose
- ✓ quelques feuilles de menthe rincées
- ✓ 4 physalis

● Rincez les fraises et épongez-les délicatement. Hachez-les grossièrement au couteau.

● Répartissez-les dans 4 cercles à pâtisserie, en tassant légèrement et en éliminant le jus. Ils doivent être remplis à mi-hauteur.

● Hachez de la même façon la chair du melon. Arrosez d'un peu de jus de citron vert. Ajoutez le melon haché dans les cercles.

● Démoulez les cercles au centre de 4 assiettes. Ajoutez un peu de sirop de rose, quelques feuilles de menthe et un physalis sur chaque assiette. Servez frais.

À savoir

Préparez ce dessert ultra light au dernier moment, pour limiter les pertes en vitamines et en antioxydants.

Équivalences & mesures

1 NOISETTE DE BEURRE = 4 grammes

1 NOIX DE BEURRE = 15 grammes

1 CUILLERÉE À SOUPE

= 15 grammes de sucre, farine ou beurre

= 12 grammes de crème fraîche ou huile

= 3 cl de liquide

= 3 cuillerées à café

1 CUILLERÉE À CAFÉ

= 5 grammes de sel, sucre ou beurre

= 7 grammes de beurre

= 0,5 cl de liquide

= 5 grammes de farine ou semoule

1 PINCÉE DE SEL = 0,3 à 0,5 gramme

1 MORCEAU DE SUCRE = 5 grammes

Températures du four

THERMOSTAT	TEMPÉRATURE APPROXIMATIVE
→ 1	30 °C (à peine tiède)
→ 2	60 °C (tiède)
→ 3	90 °C (chaleur très douce)
→ 4	120 °C (chaleur douce)
→ 5	150 °C (chaleur modérée)
→ 6	180 °C (chaleur moyenne)
→ 7	210 °C (assez chaud)
→ 8	240 °C (chaud)
→ 9	270 °C (très chaud)
→ 10	300 °C (chaleur vive)

Index des recettes

Agneau sauté à l'ail et au basilic, **54**

Aumônières de saint-jacques, sauce à la crème, **102**

Bœuf sauté, soba et champignons, **64**

Brochettes de bœuf yakitori, **58**

Brochettes de poulet au citron et à la moutarde, **84**

Buddha bowls haricots rouges, tortis et légumes d'été, **44**

Cabillaud à l'aneth, en feuilles de brick, **110**

Cabillaud vapeur, soja et cives, **68**

Carrot cake riche en fibres, **18**

Clafoutis aux tomates cerises, lait de chèvre et basilic, **36**

Cocotte de lotte au safran, **112**

Crêpes au son d'avoine, **12**

Crevettes à la thaïe, **72**

Crumble de poulet et légumes du soleil, **104**

Dômes Passion au thé matcha, **132**

Escalopes de poulet panées aux graines de chia, **56**

Faisselles, poires et mûres sauce caramel, **122**

Feuilletés superlégers épinards-chèvre, **50**

Flan de tomate et pomme de terre aux pignons, **116**

Galette bretonne, œuf miroir et champignons, **38**

Galette violette, salade aux noisettes et kiwi jaune, **42**

Grillades de porc marinées à la plancha, **62**

Jus détox à la spiruline, **26**

Lait d'amande et de soja aux graines de chia, **10**

Madeleines au blé complet et baies de goji, **128**

Magrets aux groseilles, **60**

Mini-blinis aux pommes, **16**

Mini-fondants chocolat et noix de pécan, **120**

Mousses tiramisu, **136**

Muesli coupe-faim, **22**

Muffins légers aux pommes, **126**

Œufs au lait aux myrtilles et framboises, **124**

Œufs brouillés superprotéinés, **14**

Omelette roulée, salade d'épinards, **88**

Pain perdu à la compote d'abricots, **130**

Papillotes de lieu aux algues, **66**

Penne à la tomate et au tofu, **48**

Petits cakes à la courgette et au chèvre, **80**

Petits pains d'épice très légers à l'orange, **20**

Pois chiches aux légumes croquants et à la coriandre, **40**

Poisson cru au piment et coco, **70**

Pop cakes et fruits d'été, **134**

Poulet aux aubergines et colombo, **108**

Rouleaux frais et légers au thon, **82**

Salade de millet, mini-légumes et poulet, **86**

Salade de riz rouge, crevettes et ananas, **92**

Salade de vermicelles de riz au porc, **90**

Salade tiède de lentilles vertes au tofu fumé, **46**

Sandwich chèvre-saumon à l'aneth, **94**

Sandwich frais et léger, **24**

Smoothie fruits rouges et graines de chia, **28**

Soupe de fèves à la sauge et au filet de bacon, **98**

Soupe de légumes et pâtes au pistou, **78**

Soupe de lentilles corail et chèvre frais, **32**

Soupe froide concombre-cerfeuil, **76**

Souris d'agneau au thym et miel, **114**

Tagliatelles d'épeautre aux deux saumons, **106**

Tartares fraises et melon, **138**

Verrines avocat, quinoa et betterave lactofermentée, **34**

Verrines de dorade et truite fumée au pomelo, **100**

Index des produits

Agneau, 54, 114
Algues, 66
Ananas, 92
Aneth, 94, 110
Aubergine, 104, 108
Avocat, 34, 44, 76, 86, 92

Bacon (filet de), 88, 98
Baies de goji, 128
Banane, 22
Basilic, 24, 36, 48, 54, 78, 80, 104, 116
Betterave, 34
Biscuits à la cuillère, 136
Bœuf, 58, 64
Bouillon, 32, 78, 98, 114
Brick (feuilles de), 50, 102, 110

Cabillaud, 68, 110
Cacahuètes, 46, 72
Canard (magret de), 60
Câpres, 54
Carotte, 18, 86, 90, 98, 112
Carré Frais®, 24, 82
Céleri, 46, 92
Cerfeuil, 32, 76, 106
Champignons, 38, 64, 112
Chèvre frais, 32, 50, 80, 94
Chocolat noir, 120, 134, 136
Chou chinois, 26
Chou-fleur, 86
Citron, 10, 56, 62, 66, 84, 108, 110, 114, 122, 138
Citronnelle, 72
Cives, 46, 58, 68, 88, 108
Concombre, 24, 44, 76, 90, 94
Coriandre, 40, 44, 70, 72, 82, 90, 108
Courgette, 32, 40, 66, 80, 98, 106
Cranberries, 22
Crème allégée, 38, 50, 106, 112
Crème fraîche épaisse, 102
Crevettes, 72, 92

Dorade, 100

Échalote, 100, 102
Épinards, 26, 50, 88

Faisselle, 122
Farine d'épeautre, 80
Farine de blé, 20, 104, 128
Farine de riz, 36, 80
Farine de sarrasin, 16, 38
Farine de seigle, 20
Fenouil, 104
Feuilles de riz, 82
Fèves, 98
Flocons de millet, 22
Flocons de soja, 22
Fraises, 28, 134, 138
Framboises, 28, 124
Fromage blanc, 18, 136
Fromage à raclette, 58
Fruits de la Passion, 132

Graines de chia, 10, 28, 56
Graines de courge, 100
Graines de pavot, 80, 110
Graines de sésame, 64, 84, 90
Graines germées, 34
Groseilles, 60

Haricots rouges, 44

Jambon blanc, 14, 78
Jambon de dinde, 24
Jeunes pousses, 62, 94

Kiwi, 22, 34, 42, 94

Lait d'amande, 10
Lait de brebis, 22
Lait de chèvre, 36
Lait de coco, 70, 132
Lait de riz, 12
Lait de soja, 10
Laitue iceberg, 90
Laurier, 46, 112
Lentilles corail, 32
Lentilles vertes, 46
Lieu, 66
Lotte, 112

Mâche, 42, 100
Mangue, 100, 132
Mascarpone, 136
Melon, 44, 138
Menthe, 44, 76, 82, 90, 106, 138
Miel, 60, 62, 114
Millet, 86
Mûres, 122
Myrtilles, 124

Noisettes, 22, 42
Noix, 22
Noix de pécan, 18, 120
Noix de saint-jacques, 102
Nouilles de sarrasin, 64

Œufs, 12, 14, 16, 18, 20, 36, 38, 42, 80, 88, 116, 120, 124, 126, 128, 130, 134, 136
Olives, 24, 104
Orange, 20, 114

Pain de campagne, 130
Pain de campagne au levain, 94
Pain de mie complet, 24
Parmesan, 14, 48, 78, 104
Pâte de sésame blanc, 44
Pâtes, 78
Penne de blé complet, 48
Persil, 34, 38, 86, 102, 106, 112
Petit-suisse, 20, 80 ,128
Physalis, 138
Pignons, 50 ,116
Poireau, 32
Poire, 122
Pois chiches, 40
Pois gourmands, 64
Poisson blanc (filet de), 70
Poivron, 40
Pomelo, 26, 100
Pomme, 10, 16, 88, 126
Pomme de terre, 42, 116
Porc (grillade de), 62, 90
Poulet, 56, 84, 86, 104, 108
Pousses de bambou, 82
Purée d'amandes blanches, 126

Quinoa rouge, 34

Radis, 86, 88
Raisins secs, 50
Riz basmati, 108
Riz rouge, 92
Roquette, 46, 82, 92

Safran, 112
Sauce soja, 56, 58, 64, 68, 90
Sauge, 98
Saumon cru (pavé de), 106
Saumon fumé, 94, 16
Sirop d'agave, 16, 22
Sirop de rose, 138
Son d'avoine, 12
Son de blé, 18
Spiruline, 26
Sucralose, 28, 120, 124, 128, 130, 132, 134, 136

Tagliatelles à l'épeautre, 106
Thé matcha, 132
Thon, 82
Thym, 40, 46, 62, 108, 112, 114
Tofu, 46, 48
Tomates, 40, 44, 48, 66, 72, 82, 104, 116
Tomates cerises, 36, 88, 110
Tomates séchées, 80
Tomme de brebis, 36
Tortis, 44
Truite fumée, 100

Vermicelles de riz, 90
Vin blanc, 54, 102, 112

Yaourt, 76, 88, 126

Dans la même collection :

Directeur éditorial : **Didier Férat**
Édition : **Diane Monserat**
Graphisme : **Julia Philipps**
Fabrication : **Laurence Duboscq**
Mise en page et photogravure : **APS Chromostyle**

Solar | un département | place des éditeurs

ISBN : 978-2-263-15028-9
Code éditeur : S15028
Dépôt légal : avril 2017
Imprimé en Espagne par Cayfosa